JN457831

일본어와 우리말은 지나치게 비슷하다 2

1판 1쇄 2018년 5월 1일

저 자 이화정, Mr. Sun 어학연구소
펴 낸 곳 OLD STAIRS
출판 등록 2008년 1월 10일 제313-2010-284호
이 메 일 oldstairs@daum.net

가격은 뒷면 표지 참조
ISBN 978-89-97221-66-0

이 책의 전부 또는 일부를 재사용하려면 반드시 OLD STAIRS의 동의를 받아야 합니다.
잘못 만들어진 책은 구매하신 서점에서 교환하여 드립니다.

# 일본어와 우리말은 지나치게 비슷하다

2

ちょうかんたん
초-칸탄

にほんご
니홍고

きょうざい
교-자이

# 3가지 동사

일본어의 동사는 모두 う우단 중 하나로 끝납니다.

**う**단 **う く ぐ す つ ぬ ぶ む る**

그리고 무엇으로 끝나느냐에 따라 3개 그룹으로 나뉩니다.

1그룹 2그룹 3그룹

동사는 모두 う우단으로 끝나는데, 그중 2그룹 동사는 모두 る루로 끝납니다.
문장은 반말, 존댓말, 긍정, 부정, 과거 혹은 현재형으로 만들 수 있습니다.
이 모든 것은 동사의 어미와 조동사를 활용해 이루어집니다.
어간은 항상 그대로 둔 채 말이죠.

| | 어간 | 어미 | 조동사 |
|---|---|---|---|
| 먹다 | 食べ 타베 | る 루 | |
| 먹습니다 | 食べ 타베 | | ます 마스 |
| 먹지 않다 | 食べ 타베 | | ない 나이 |
| 먹지 않습니다 | 食べ 타베 | | ません 마셍 |

동영상 강의

일본어의 동사는 어간과 어미로 구분할 수 있습니다. 이 중에서 어간은 한자 혹은 한자 + 히라가나, 어미는 히라가나로 이루어져 있습니다.

| 타베<br>食べ | 루<br>る (문법) |
|---|---|
| 먹 (어간) | 다 (어미) |

です 데스는 명사와 형용사와 결합하고, 지금 배운 ます 마스는 동사와 결합합니다.

| 명사<br>형용사 | → です | 동사 | → ます |
|---|---|---|---|

1그룹 동사는 앞서 나온 2그룹 동사와는 다르게 어미를 변화한 뒤에 조동사를 붙여서 문장을 만듭니다.

| | 어간 | 어미 | 조동사 |
|---|---|---|---|
| 마시다 | 飲 노 | む 무 | |
| 마십니다 | 飲 노 | み 미 | ます 마스 |
| 마시지 않다 | 飲 노 | ま 마 | ない 나이 |
| 마시지 않습니다 | 飲 노 | み 미 | ません 마셍 |

그런데 1그룹 동사와 2그룹 동사를 구분해야 하는 이유는 무엇일까요?

동사의 기본형은 **긍정, 현재, 반말, 평서문**을 의미합니다.
다시 말해 동사는 부정형으로도 변화하고, 과거형이나 존댓말,
혹은 의문문으로도 변화합니다. 그런데 이때, 1그룹 동사와 2그룹 동사는 변화하는
방식이 서로 다릅니다. 같은 **ない** 나이, **ます** 마스, **ません** 마셍 을 붙여도
1그룹 동사인지, 2그룹 동사인지에 따라서 그 앞의 어미가 다르게 변화하죠.
그래서 우리는 1그룹 동사와 2그룹 동사를 구분해야 합니다.

아래 예시를 보시죠. 같은 부정문이지만
하나는 1그룹, 하나는 2그룹 동사이기 때문에 변화 방식이 서로 다릅니다.

**1그룹 동사**

| | | | |
|---|---|---|---|
| 기본형 : | 聞く | 키쿠 | 듣다 |
| 부정형 : | 聞かない | 키카나이 | 듣지 않다 |

**2그룹 동사**

| | | | |
|---|---|---|---|
| 기본형 : | 見る | 미루 | 보다 |
| 부정형 : | 見ない | 미나이 | 보지 않다 |

동영상 강의

아래의 표는 동사의 마지막 글자에 따라 그룹을 구분하는 방법을 정리한 것입니다.

**1** う く ぐ す つ ぬ ぶ む る

| う | く | ぐ | す | つ | ぬ | ぶ | む | る |
|---|---|---|---|---|---|---|---|---|
| 1그룹 | 1그룹 | 1그룹 | 1그룹 | 1그룹 | 1그룹 | 1그룹 | 1그룹 | 1,2,3 그룹 |

**2** る루로 끝나면 그 앞글자에 따라 1그룹과 2그룹으로 나뉜다.

1그룹 동사
- あ 아단 + る 루 Ex 分かる 와카루 알다
- う 우단 + る 루 Ex 売る 우루 팔다
- お 오단 + る 루 Ex 乗る 노루 타다

2그룹 동사
- い 이단 + る 루 Ex 見る 미루 보다
- え 에단 + る 루 Ex 食べる 타베루 먹다

**3** い 이단 + る 루, え 에단 + る 루 인데도 불구하고 1그룹인 동사도 있다.

Ex
- 走る 하시루 달리다
- 知る 시루 알다
- 要る 이루 필요하다
- 切る 키루 자르다
- 握る 니기루 쥐다
- しゃべる 샤베루 수다 떨다
- 帰る 카에루 돌아가다
- 滑る 스베루 미끄러지다

**4** 3그룹 동사는 する 스루 | 하다, 来る 쿠루 | 오다, 단 2개뿐이다.

| 1그룹 동사 | 2그룹 동사 | 3그룹 동사 | |
|---|---|---|---|
| 書く<br>카쿠<br>쓰다 | 食べる<br>타베루<br>먹다 | する<br>스루<br>하다 | くる<br>쿠루<br>오다 |
| 書かない<br>카카나이<br>쓰지 않다 | 食べない<br>타베나이<br>먹지 않다 | しない<br>시나이<br>하지 않다 | こない<br>코나이<br>오지 않다 |
| 書きます<br>카키마스<br>씁니다 | 食べます<br>타베마스<br>먹습니다 | します<br>시마스<br>합니다 | きます<br>키마스<br>옵니다 |
| 書きません<br>카키마셍<br>쓰지 않습니다 | 食べません<br>타베마셍<br>먹지 않습니다 | しません<br>시마셍<br>하지 않습니다 | きません<br>키마셍<br>오지 않습니다 |
| 書いた<br>카이타<br>썼다 | 食べた<br>타베타<br>먹었다 | した<br>시타<br>했다 | きた<br>키타<br>왔다 |
| 書かなかった<br>카카나칸타<br>쓰지 않았다 | 食べなかった<br>타베나칸타<br>먹지 않았다 | しなかった<br>시나칸타<br>하지 않았다 | こなかった<br>코나칸타<br>오지 않았다 |
| 書きました<br>카키마시타<br>썼습니다 | 食べました<br>타베마시타<br>먹었습니다 | しました<br>시마시타<br>했습니다 | きました<br>키마시타<br>왔습니다 |
| 書きませんでした<br>카키마센데시타<br>쓰지 않았습니다 | 食べませんでした<br>타베마센데시타<br>먹지 않았습니다 | しませんでした<br>시마센데시타<br>하지 않았습니다 | きませんでした<br>키마센데시타<br>오지 않았습니다 |

표를 보면 알 수 있듯이, 일본어의 동사는 3개 그룹으로 나뉩니다. 일본어 동사는 어떻게 변화하는지, 어떤 형태를 갖추고 있는지에 따라 1그룹 동사, 2그룹 동사로 구분할 수 있습니다. 3그룹 동사는 する 스루 **하다**와 くる 쿠루 **오다**뿐이죠.

## 읽어보세요!

### 1그룹 동사

1그룹 동사는 5단 동사 라고도 합니다.

히라가나 50음도를 보면 あ 아, い 이, う 우, え 에, お 오 라는 5개의 단이 있죠.
1그룹 동사는 바로 이 5개의 단을 응용하는 방식으로 변화합니다.
그러므로 1그룹 동사를 5단 동사라고 부르는 것이죠.

### 2그룹 동사

2그룹 동사는 1단 동사 라고도 합니다.

1그룹 동사와는 다르게, 단을 응용해서 변화하지 않기 때문이죠.
그냥 동사에서 어미 る 루 만 떼면 되기 때문에, 활용하기에 가장 쉽습니다.

### 3그룹 동사

3그룹 동사 중　する 스루 를 さ 사 행 변격 동사 라고 하며,
くる 쿠루 를 か 카 행 변격 동사 라고 합니다.

이는 3그룹 동사 する 스루 는 さ 사 행, くる 쿠루 는 か 카 행을 응용해서
변화하기 때문입니다. 단 2개뿐이지만 어간도 함께 변하므로 유의해야 합니다.

# 어간과 어미 구분하기

하나의 단어를 쪼개서 어간과 어미로 나눌 수 있습니다.

일어서다 = 立つ

어간 어미 어간 어미

하나의 단어를 쪼개서 어간과 어미로 나눌 수 있는 것은
동사와 형용사의 특징입니다.
일본어의 명사나 부사는 어미와 어간으로 나뉘지 않는 그냥 한 덩이입니다.

동사와 형용사가 이러한 공통점을 갖는 이유는 둘 다 서술어이기 때문입니다.
서술어란 주어의 동작이나 상태를 서술하는 말입니다.
주로 문장의 맨 뒤에서 문장을 끝마치는 역할을 합니다.

나는 달려요.

어간 어미

나는 슬퍼요.

어간 어미

이제 일어서다라는 뜻의 동사 立つ 타츠 가 변화하는 모습을 통해
어간과 어미에 대해 정확히 알아보겠습니다.

| | 어간 | 어미 | |
|---|---|---|---|
| 일어서다 | 立 타 | つ 츠 | |
| 일어서지 않다 | 立 타 | た 타 | ない 나이 |
| 일어섭니다 | 立 타 | ち 치 | ます 마스 |
| 일어서지 않습니다 | 立 타 | ち 치 | ません 마셍 |

위의 표는, **일어서다** 라는 뜻의 동사 **立つ** 타츠 의 간단한 변화표입니다.
잘 보면, **立** 타 부분은 변하지 않고, **つ** 츠 부분만 변화하는 것을 볼 수 있습니다.
**つ** 츠 의 뒤에 부정을 뜻하는 **ない** 나이 나, 존대를 의미하는 **ます** 마스 가 붙어서
표현을 완성하고 있죠. 한 번 더 다른 예를 볼까요?

| | 어간 | 어미 | |
|---|---|---|---|
| 앉다 | 座 스와 | る 루 | |
| 앉지 않다 | 座 스와 | ら 라 | ない 나이 |
| 앉습니다 | 座 스와 | り 리 | ます 마스 |
| 앉지 않습니다 | 座 스와 | り 리 | ません 마셍 |

**앉다** 라는 의미의 **座る** 스와루 가 변화할 때도,
**座** 스와 는 변하지 않고, **る** 루 만 변화하고 있습니다.
우리말 해석을 봐도 **일어서**와 **앉** 부분은 변하지 않았습니다.

이렇듯 동사나 형용사 등의 서술어를 활용할 때,
절대 변하지 않는 앞부분을 어간, 형태가 계속 변하는 뒷부분을 어미라고 합니다.

**어간 : 의미적 기능** 형태 변화 X

**어미 : 문법적 기능** 형태 변화 O

일본어의 동사나 형용사를 활용할 때도
어간은 그대로 두고, 어미만 바꿔가면서 사용합니다.

이번에는 형용사의 변화도 확인해 보겠습니다.

| | 어간 | 어미 | |
|---|---|---|---|
| 크다 | 大き 오오키 | い 이 | |
| 크지 않다 | 大き 오오키 | く 쿠 | ない 나이 |
| 큽니다 | 大き 오오키 | い 이 | です 데스 |
| 크지 않습니다 | 大き 오오키 | く 쿠 | ありません 아리마셍 |
| 작다 | 小さ 치이사 | い 이 | |
| 작지 않다 | 小さ 치이사 | く 쿠 | ない 나이 |
| 작습니다 | 小さ 치이사 | い 이 | です 데스 |
| 작지 않습니다 | 小さ 치이사 | く 쿠 | ありません 아리마셍 |

하지만, 예외가 딱 3가지 있습니다.
아래 3개 표현은 어미뿐 아니라 어간까지 마구 변화해버립니다.
예외는 자주 사용되는 친근한 표현에서 발생하기 때문에,
아래 표현들은 반드시 외워두어야 합니다.

| | | |
|---|---|---|
| **하다** | す 스 | る 루 |
| **하지 않다** | し 시 | ない 나이 |
| **합니다** | し 시 | ます 마스 |
| **하지 않습니다** | し 시 | ません 마셍 |

| | | |
|---|---|---|
| **오다** | く 쿠 | る 루 |
| **오지 않다** | こ 코 | ない 나이 |
| **옵니다** | き 키 | ます 마스 |
| **오지 않습니다** | き 키 | ません 마셍 |

| | | | |
|---|---|---|---|
| **좋다** | い 이 | い 이 | |
| **좋지 않다** | よ 요 | く 쿠 | ない 나이 |
| **좋습니다** | い 이 | い 이 | です 데스 |
| **좋지 않습니다** | よ 요 | く 쿠 | ありません 아리마셍 |

日本語と韓国語はあまりにも似ている

# もくじ
# 목차
# 모쿠지

## * 본문 401-800문장 16-191

## 부록

401

소노 레스토랑 와 모쿠요오비 니 야스무.

その レストラン は 木曜日 に 休む。

402

뵤오잉 카라 바스타-미나루 마데 남 풍 카카루?

病院から バスターミナル まで 何 分 かかる?

403

카노죠 와 오림픽쿠 데 킴메다루 오 토리 마시타카?

彼女は オリンピックで 金メダルを 獲り ましたか?

404

비쥬츠칸 데와 마이슈우 이벤토 오 스루?

美術館 では 毎週 イベント を する?

405

라이슈우, 도코 데 오리엔테-숑 오 시 마스카?

来週、どこ で オリエンテーションを し ますか?

그 레스토랑은 목요일에 쉰다.

## 그 레스토랑은 목요일에 쉬다.

일본은 우리나라보다 패밀리 레스토랑이 많은 편입니다.
대표적인 패밀리 레스토랑으로는 데니즈, 조나상, 로이얄호스트 등이 있습니다.

---

병원에서 버스 터미널까지 몇 분 걸려?

## 병원부터 버스 터미널까지 몇 분 걸리다?

から카라는 '~부터', まで마데는 '~까지'라는 의미의 조사입니다.
이 둘은 함께 외우는 게 좋습니다.

---

그녀는 올림픽에서 금메달을 땄습니까?

## 그녀는 올림픽에서 금메달을 잡음 했습니까?

일본어로 '올림픽'을 オリンピック오림픽쿠 혹은 **五輪**고링이라고 합니다.
**五輪**고링은 올림픽기인 오륜기(**五輪旗**)에서 온 말입니다.

---

미술관에서는 매주 이벤트를 하니?

## 미술관에서는 매주 이벤트를 하다?

**毎**마이는 '매일', '매월'할 때의 그 '매'입니다.
일본어로 '매일'은 **毎日**마이니치, '매월'은 **毎月**마이게츠라고 합니다.

---

다음 주에 어디에서 오리엔테이션을 합니까?

## 다음 주, 어디에서 오리엔테이션을 함 합니까?

일본어로 '주'를 **週**슈우라고 합니다.
'지난주'는 **先週**센슈우, '이번 주'는 **今週**콘슈우입니다.

406

코노 아니메-숑 와 아이도루 가 다빙구 시 마시타.

この アニメ-ションは アイドルが ダビング し ました。

407

오카아삼 모 오-토바이 와 노라 나칻타.

お母さんも オートバイは 乗ら なかった。

408

키미 와 토오쿄오타와- 노 야케에 오 미타 / 코토 아루?

君は 東京タワーの 夜景を 見た / こと ある?

409

카레타치 와 코오몬 노 CCTV 니 츄우목 시 마시타.

彼たちは 校門の CCTVに 注目 し ました。

410

테라스 데 쟈즈 오 키이타.

テラスで ジャズを 聞いた。

이 애니메이션은 아이돌이 더빙했습니다.

## 이 애니메이션은 아이돌이 더빙 함 했습니다.

아이돌(アイドル아이도루)은
성우(声優세에유우)나 탤런트(タレント타렌토) 등으로 바꿔 쓸 수 있습니다.

엄마도 오토바이는 타지 않았다.

## 어머니도 오토바이는 타지 않았다.

일본어로 '가족'은 家族카조쿠, '부모님'은 両親료오싱,
'어머니'는 お母さん오카아상, '아버지'는 お父さん오토오상이라고 합니다.

너는 도쿄타워의 야경을 본 적 있어?

## 너는 도쿄타워의 야경을 봤다 / 일 있다?

도쿄의 야경을 볼 수 있는 곳으로는 도쿄타워 외에도
도쿄도청 전망대, 도쿄 스카이트리 전망대 등이 유명합니다.

그들은 교문의 CCTV에 주목했습니다.

## 그들은 교문의 CCTV에 주목 함 했습니다.

우리는 'CCTV'라는 말을 자주 쓰지만,
일본에서는 감시카메라(監視カメラ칸시카메라)라는 표현을 더 흔히 사용합니다.

테라스에서 재즈 음악을 들었다.

## 테라스에서 재즈를 들었다.

일본에서는 테라스에서 음식이나 주류를 즐길 수 있는 곳을
ビアガーデン비아가-뎅이라고 합니다.

411

와타시 와 핑쿠이로 노 왐피-스 오 키 마시타.

私は ピンク色の ワンピースを 着 ました。

412

보쿠 와 토쿠 니 츄우카료오리 니 칸싱 가 아리 마스.

僕は 特に 中華料理に 関心が あり ます。

413

노-토 니 보-루펜 데 라쿠가키 오 시타.

ノートに ボールペンで 落書きを した。

414

소노 카메라 와 샤타- 옹 가 오오키스기루.

その カメラは シャッター 音が 大きすぎる。

415

콘사-토 데 스탓후 토시테 하타라키 마시타.

コンサートで スタッフ として 働き ました。

저는 분홍색 원피스를 입었습니다.

## 나는 분홍색의 원피스를 입음 했습니다.

우리는 옷을 입을 때, 무엇을 입어도 '입다'라고만 합니다.
그러나, 일본어에서는 상의나 한 벌 옷은 **着る** 키루, 하의는 **穿く** 하쿠로 구분합니다.

저는 특히 중화요리에 관심이 있습니다.

## 나는 특에 중화요리에 관심이 있음 합니다.

우리말과는 달리, 일본어는 1인칭 대명사가 여러 가지입니다.
그래서 상황이나 성별에 따라서 적절한 '나'를 골라 써야 합니다.

노트에 볼펜으로 낙서했다.

## 노트에 볼펜으로 낙서를 했다.

'볼펜'은 **ボールペン** 보-루펭, '샤프'는 **シャーペン** 샤-펭,
'펜'은 **ペン** 펭, '연필'은 **鉛筆** 엠피츠라고 합니다.

그 카메라는 셔터음이 너무 크다.

## 그 카메라는 셔터 음이 너무 크다.

일본어로 '소리'는 **音** 오토와 **声** 코에 2가지가 있습니다.
**音** 오토는 악기 소리나 소음 같은 소리, **声** 코에는 목소리를 의미합니다.

콘서트에서 스태프로 일했습니다.

## 콘서트에서 스태프로서 일함 했습니다.

일본의 대표적인 콘서트장으로는 도쿄돔이 있습니다.
우리나라 가수 중에서는 보아, 동방신기, 카라 등이 도쿄돔에서 콘서트를 했습니다.

416

코노 심분 노 키지 와 요미 마센 데시타.

この 新聞の 記事は 読み ません でした。

417

다레 가 햑 카이 메 노 사임보-루 오 토리 마시타카?

誰が 100 回 目の サインボールを 取り ましたか?

418

와타시 와 쵸오노오료쿠 오 신지 마셍.

私は 超能力を 信じ ません。

419

소노 센슈 와 오림픽쿠 데 메다루 오 토리 마시타카?

その 選手は オリンピックで メダルを 獲り ましたか?

420

쥬우슈우넹 키넹 콘사-토 와 세에코오테키 니 오왇타?

10周年 記念 コンサートは 成功的に 終わった?

이 신문 기사는 읽지 않았습니다.

## 이 신문의 기사는 읽음 하지 않습니다 였습니다.

일본어로 '쓰다'는 書く 카쿠, '읽다'는 読む 요무라고 합니다.
'읽고 쓰기'는 読み書き 요미카키라고 합니다.

누가 100번째 사인볼을 잡았습니까?

## 누구가 100 회 째의 사인볼을 잡음 했습니까?

目메는 원래 '눈'이라는 뜻입니다.
하지만 番방(번)이나 回카이(회) 등의 뒤에 붙어서 '~번째'라는 표현을 만들기도 합니다.

저는 초능력을 믿지 않습니다.

## 나는 초능력을 믿음 하지 않습니다.

'초능력자'를 일본어로는 エスパー 에스파-라고도 하는데,
Extra Sensory Perception의 줄임말입니다.

그 선수는 올림픽에서 메달을 땄습니까?

## 그 선수는 올림픽에서 메달을 잡음 했습니까?

取る(잡다)와 撮る((사진을) 찍다), 獲る(쟁취하다)는 모두 とる토루라고 발음합니다.

10주년 기념 콘서트는 성공적으로 끝났어?

## 10주년 기념 콘서트는 성공적에 끝났다?

年은 とし 토시 혹은 ねん 넨으로 발음합니다.
몇 주년 혹은 몇 년이라고 할 때는 ねん 넨이라고 읽습니다.

421

케에바 심분샤 오 사기 요오기 데 콕소 시 마시타.

競馬 新聞社を 詐欺 容疑で 告訴 し ました。

422

오-보에, 체로, 바이오린 데 갓소오 시타.

オーボエ、チェロ、バイオリンで 合奏 した。

423

토랑쿠 니 토롬보-온 토 토람펫토 가 앗타?

トランクに トロンボーンと トランペットが あった?

424

와타시 와 쇼오가쿠킹 오 모라이 마센 데시타.

私は 奨学金を もらい ません でした。

425

나이부 노 인테리아 코오지 와 칸세에 시타.

内部の インテリア 工事は 完成 した。

경마신문사를 사기 혐의로 고소했습니다.

경마 신문사를 사기 혐의로 고소 함 했습니다.

'명예훼손'은 **名誉棄損**메에요키송, '모욕죄'는 **侮辱罪**부죠쿠자이,
'협박죄'는 **脅迫罪**쿄오하쿠자이라고 합니다.

오보에, 첼로, 바이올린으로 합주했다.

오보에, 첼로, 바이올린으로 합주 했다.

**する**스루(하다)는 명사와 연결해 '명사 하다'라는 표현을 만들 수 있습니다.
이 표현에서는 합주(合奏갓소오)와 연결됐습니다.

트렁크에 트롬본이랑 트럼펫이 있었어?

트렁크에 트롬본과 트럼펫이 있었다?

일본어의 '있다'는 **ある**아루와 **いる**이루 2가지가 있습니다.
**ある**아루는 식물이나 물건 등이 있을 때 사용합니다.

저는 장학금을 받지 않았습니다.

나는 장학금을 받음 하지 않습니다 였습니다.

**もらう**모라우는 '구체적인 물건이나 사물'을 받을 때 쓰는 '받다'입니다.
피해나 혜택 등 '물건이 아닌 것'을 받을 때는 **受ける**우케루를 씁니다.

내부의 인테리어 공사는 완성했다.

내부의 인테리어 공사는 완성 했다.

일본어로 '안'은 **中**나카, '밖'은 **外**소토라고 하는데,
'내부'는 **内部**나이부, '외부'는 **外部**가이부라고 합니다.

### 426

소노 캉가루- 와 도오부츠엔 데 이치반 닝키 가 아루.

その カンガル-は 動物園で 一番 人気が ある。

### 427

콤퓨-타- 노 슈우리 오 타노마 나캍타?

コンピューター の 修理を 頼ま なかった?

### 428

카레 와 아메리카진 토 켁콘 시 마센 데시타.

彼は アメリカ人と 結婚 し ません でした。

### 429

카노죠 와 다이아몬도 니모 칸도오 시 나캍타.

彼女は ダイヤモンドにも 感動 し なかった。

### 430

야칸 니와 하이킹구 오 시 마셍.

夜間には ハイキングを し ません。

그 캥거루는 동물원에서 가장 인기 있다.

## 그 캥거루는 동물원에서 가장 인기가 있다.

동물원(動物園도오부츠엥)에는
여우(狐키츠네)나 코알라(コアラ코아라), 판다(パンダ판다)도 있습니다.

---

컴퓨터 수리를 부탁하지 않았어?

## 컴퓨터의 수리를 부탁하지 않았다?

コンピューター콤퓨-타-는 computer의 일본식 표기입니다.
Personal computer는 パソコン파소콩이라고 합니다.

---

그는 미국인과 결혼하지 않았습니다.

## 그는 미국인과 결혼 함 하지 않습니다 였습니다.

일본에서는 '미국'을 アメリカ아메리카 혹은 米国베에코쿠라고 합니다.
'영국'은 イギリス이기리스, '그리스'는 ギリシア기리시아입니다.

---

그녀는 다이아몬드에도 감동하지 않았다.

## 그녀는 다이아몬드에도 감동 함 않았다.

우리가 '복합조사'를 만들어 쓰는 것처럼, 일본도 복합조사를 만들어 씁니다.
이 표현에서는 に니(~에)와 も모(~도)가 연결됐습니다.

---

야간에는 하이킹하지 않습니다.

## 야간에는 하이킹을 함 하지 않습니다.

일본어로 '한밤중'을 夜中야츄우라고 합니다.
夜中야츄우는 직역하면 '밤의 가운데'라는 뜻입니다.

# 일본어와 우리말은 지나치게 비슷하다

-첫날부터 잘한다-

1 먹다.

2 먹었다.

3 먹습니다.

4 먹었습니다.

5 먹지 않다.

6 먹지 않았다.

7 먹지 않습니다.

8 먹지 않았습니다.

# 앞으로 소개할 8문형 미리 보기

1 타베 **루.**
食べ る。 먹다.

2 타베 **타.**
食べ た。 먹었다.

3 타베 **마스.**
食べ ます。 먹습니다.

4 타베 **마시타.**
食べ ました。 먹었습니다.

5 타베 **나이.**
食べ ない。 먹**지 않다.**

6 타베 **나캇타.**
食べ なかった。 먹**지 않았다.**

7 타베 **마셍.**
食べ ません。 먹**지 않습니다.**

8 타베 **마센 데시타.**
食べ ません でした。 먹**지 않았습니다.**

**Tip**

일본어의 명사와 형용사는 존대표현을 만들 때, 뒤에 **데스** です를 붙입니다.

**명사** | 警察 케에사츠 + です 데스 : 경찰입니다.

하지만 동사는 존대표현을 만들 때, **마스** ます를 붙입니다.

**동사** | 食べ 타베 + ます 마스 : 먹습니다.

431

토오지 만숀 니와 케에비 가 이마센 데시타.

当時 マンションには 警備が いません でした。

432

맘모스 와 난 세에키 노 이젠 니 이키 마시타카?

マンモスは 何 世紀の 以前に 生き ましたか?

433

텡키 요호오 모 미 나캇타?

天気 予報も 見 なかった?

434

무셍 인타-넷토 사-비스 니 쿠레-무 오 카케타?

無線 インターネット サービスに クレームを かけた?

435

오마에 모 키마츠 테스토 노 켁카 가 데타?

お前も 期末 テストの 結果が 出た?

당시 맨션에는 경비가 없었습니다.

## 당시 맨션에는 경비가 없습니다 였습니다.

マンション만숑은 우리나라의 아파트와 비슷한 건축물입니다.
일본의 アパート아파-토는 우리나라의 다세대 주택 같은 건축물입니다.

매머드는 몇 세기 이전에 살았습니까?

## 매머드는 몇 세기의 이전에 삶 했습니까?

**恐竜**와 **恐龍**은 둘 다 '공룡'이라는 한자입니다.
일본은 '신자체'라는 한자를 써서, 같은 한자라도 우리가 쓰는 한자와 모양이 다르기도 합니다.

날씨 예보도 안 봤어?

## 날씨 예보도 봄 않았다?

일본어로 '날씨'는 **天気**텡키, '날씨 예보'는 **天気予報**텡키요호오라고 합니다.
'덥다'는 **暑い**아츠이, '춥다'는 **寒い**사무이입니다.

무선 인터넷 서비스에 불만 전화를 했어?

## 무선 인터넷 서비스에 불만 전화를 걸었다?

일본인 관광객이 우리나라에서 가장 놀라는 점은 어디에서나 무선 인터넷이 된다는 것입니다.
일본은 무료로 무선 인터넷을 쓸 수 있는 곳이 거의 없습니다.

너도 기말시험 결과 나왔어?

## 너도 기말 시험의 결과가 나왔다?

**お前**오마에는 우리말의 '너'로 해석되는 2인칭 대명사입니다.
하지만, 단순히 '너'라기보단 비속어에 가까운 뉘앙스가 있으므로 주의해야 합니다.

436

토라우마 노 코쿠후쿠 노 타메 노 치료오 오 우케타?

トラウマの 克服の ための 治療を 受けた?

437

한도보-루 타이카이 데 토로휘- 오 우케 마시타.

ハンドボール 大会で トロフィーを 受け ました。

438

토라우마 와 즏토 에에쿄오 오 아타에 마스카?

トラウマは ずっと 影響を 与え ますか?

439

화이아-워-루 가 아나타 오 타스케 마시타카?

ファイアーウォールが あなたを 助け ましたか?

440

스코시 즈츠 스포-츠카- 노 스피-도 오 아게타.

少し ずつ スポーツカーの スピードを 上げた。

트라우마 극복을 위한 치료를 받았어?

## 트라우마의 극복의 위함의 치료를 받았다?

우리말에서는 '~을(를) 위해'라고 합니다.
하지만 일본어에서는 のため노 타메(~의 위해)라고 합니다.

---

핸드볼 대회에서 트로피를 받았습니다.

## 핸드볼 대회에서 트로피를 받음 했습니다.

핸드볼(ハンドボール한도보-루)은
야구(野球야큐우)나 축구(サッカー삭카-) 등으로 바꿔 쓸 수 있습니다.

---

트라우마는 계속 영향을 미칩니까?

## 트라우마는 계속 영향을 줌 합니까?

ずっと즏토는 '계속'이라는 뜻 외에 '훨씬'이라는 뜻도 있습니다.
'훨씬 옛날'이라는 표현도 ずっと昔즏토무카시라고 합니다.

---

방화벽이 당신을 구했습니까?

## 방화벽이 당신을 구함 했습니까?

あなた아나타는 일본어의 2인칭 대명사 중에서 가장 공손한 표현입니다.
'당신'으로 해석되며, 부부간의 호칭으로도 쓰입니다.

---

조금씩 스포츠카의 속도를 올렸다.

## 조금 씩 스포츠카의 속도를 올렸다.

우리나라와 일본은 자동차 운전석이 반대입니다.
우리나라는 왼쪽이 운전석이지만, 일본은 오른쪽이 운전석입니다.

441

마이넨 하루니와 하나가라노 왐피-스가 닝키오 요부.

毎年 春には 花柄の ワンピースが 人気を 呼ぶ。

442

쿠리스마스니 도코데 데-토 시타?

クリスマスに どこで デート した?

443

소노 피아노 콩쿠-루니와 상카 시마센 데시타.

その ピアノ コンクールには 参加 し ません でした。

444



키노오 푸로제쿠토노 푸레젠테-숑오 시마시타.

昨日 プロジェクトの プレゼンテーションを し ました。

445

소노 스카-토와 인타-넨토데 캇타?

その スカートは インターネットで 買った?

매년 봄에는 꽃무늬 원피스가 인기를 끈다.

매년 봄에는 꽃무늬의 원피스가 인기를 부르다.

1년은 봄(春하루), 여름(夏나츠), 가을(秋아키), 겨울(冬후유)의
4개 계절(季節키세츠)로 이루어져 있습니다.

---

크리스마스에 어디에서 데이트했어?

크리스마스에 어디에서 데이트 했다?

우리나라에서는 크리스마스가 법정 공휴일이지만, 일본에서는 평일입니다.
대신 일왕 탄생일이 공휴일로 지정돼 있습니다.

---

그 피아노 콩쿠르에는 참가하지 않았습니다.

그 피아노 콩쿠르에는 참가 함 하지 않습니다 였습니다.

피아노(ピアノ 피아노)는
플루트(フルート 후루-토)나 바이올린(バイオリン바이오링) 등으로 바꿔 쓸 수 있습니다.

---

어제 프로젝트의 프레젠테이션을 했습니다.

어제 프로젝트의 프레젠테이션을 함 했습니다.

어제(昨日)는 きのう 키노오 혹은 さくじつ 사쿠지츠라고 읽습니다.
일상회화에서는 きのう 키노오, 격식을 차릴 땐 さくじつ 사쿠지츠라고 합니다.

---

그 치마는 인터넷에서 샀어?

그 치마는 인터넷에서 샀다?

'쇼핑'이나 '장보기' 등 물건을 구매하는 것을 買い物카이모노라고 합니다.
'장바구니'는 買い物かご 카이모노카고라고 합니다.

446

지-인즈 니 쥬-스 오 코보시 마시타.

ジーンズに ジュースを こぼし ました。

447

바렌타인데- 니와 아치코치 데 쵸코레-토 오 우루.

バレンタインデーには あちこちで チョコレートを 売る。

448

바스 데모 치카테츠 데모 젬부 니 지캉 와 카카루.

バスでも 地下鉄でも 全部 2 時間は かかる。

449

세카이 데 하지메테 카이하츠 니 세에코오 시타.

世界で 初めて 開発に 成功 した。

450

루-렌토 노 켁카, 카부키 노 칸랑켕 가 아탇타.

ルーレットの 結果、歌舞伎の 観覧券が 当たった。

청바지에 주스를 흘렸습니다.

## 청바지에 주스를 흘림 했습니다.

일본어로 '마실 것'은 **飲み物**노미모노, '커피'는 **コーヒー**코-히-, '차'는 **お茶**오챠라고 합니다.

밸런타인데이에는 여기저기에서 초콜릿을 판다.

## 밸런타인데이에는 여기저기에서 초콜릿을 팔다.

우리말 '여기저기'에 해당하는 일본어는 **あちこち**아치코치인데,
직역하면 '저기여기'라는 뜻입니다.

버스로도 지하철로도 전부 2시간은 걸린다.

## 버스로도 지하철로도 전부 2 시간은 걸리다.

일본어로 '자전거'는 **自転車**지텐샤, '택시'는 **タクシー**탁시-,
'비행기'는 **飛行機**히코오키라고 합니다.

세계에서 처음으로 개발에 성공했다.

## 세계에서 처음으로 개발에 성공 했다.

**初めて**하지메테(처음으로)는 **最初**사이쇼(최초, 처음)라는 단어로 대체될 수 있습니다.

룰렛의 결과, 가부키 관람권이 당첨됐다.

## 룰렛의 결과, 가부키의 관람권이 맞았다.

가부키(歌舞伎카부키)는 일본을 대표하는 전통극입니다.
모든 배우는 남성이고, 여성 역도 남자 배우가 여장하고 연기합니다.

451

소노 코 와 운도오카이 노 토츄우 시보오 시 마시타카?

その 子は 運動会の 途中 死亡 し ましたか?

452

코오코오 노 토키 엥게키 오 시 마시타.

高校の 時 演劇を し ました。

453

와타시 노 헤야 니 스토-카- 가 무단 데 신뉴우 시타.

私の 部屋に ストーカーが 無断で 侵入 した。

454

스으넹캉 야싱 오 토게루 타메니 로오료쿠 시타.

数年間 野心を とげる ために 労力 した。

455

카노죠 와 다이가쿠 노 셈파이 토 켁콘 시타.

彼女は 大学の 先輩と 結婚 した。

그 애는 운동회 도중 사망했습니까?

## 그 아이는 운동회의 도중 사망 함 했습니까?

우리나라에서는 보통 2월에 졸업하고 3월에 입학하지만, 일본은 3월에 졸업하고 4월에 입학합니다.
우리보다 1달 늦게 시작해서 1달 늦게 끝납니다.

고등학생 때 연극을 했습니다.

## 고등학교의 때 연극을 함 했습니다.

일본의 학제는 소학교(小学校쇼오각코오) 6년, 중학교(中学校츄우각코오) 3년,
고등학교(高校코오코오) 3년으로 이루어져 있습니다.

내 방에 스토커가 무단으로 침입했다.

## 나의 방에 스토커가 무단으로 침입 했다.

일본어로 '집'은 **家**이에, '방'은 **部屋**헤야, '부엌'은 **台所**다이도코로,
'화장실'은 **トイレ**토이레 혹은 **お手洗い**오테아라이라고 합니다.

수년간 야심을 이루기 위해서 노력했다.

## 수년간 야심을 이루다 위해서 노력 했다.

**とげる**토게루는 '뜻을 이루다'라는 뜻입니다.
비슷한 말로, **叶う**카나우(희망대로 되다, 이루어지다)가 있습니다.

그녀는 대학 선배와 결혼했다.

## 그녀는 대학의 선배와 결혼 했다.

일본에서는 '대학교'라는 말을 잘 쓰지 않습니다.
보통 4년제 대학교는 **大学**다이가쿠, 2~3년제 전문 대학은 **短期大学**탕키다이가쿠라고 합니다.

456

와타시와 론돈데 샤싱오 토리 마센 데시타.

私は ロンドンで 写真を 撮り ません でした。

457

와타시토 카레와 다이가쿠노 토키
켕카 시타 / 코토가 아루.

私と 彼は 大学の 時 喧嘩 した / ことが ある。

458

카노죠와 파스포-토토 스-츠케-스오 첵쿠 시타.

彼女は パスポートと スーツケースを チェック した。

459

호-무페-지노 도메잉 아도레스가 카와리 마시타카?

ホームページの ドメイン アドレスが 変わり ましたか?

460

타-미나루노 나이부노 챠이무가 나라 나이.

ターミナルの 内部の チャイムが 鳴ら ない。

저는 런던에서 사진을 찍지 않았습니다.

## 나는 런던에서 사진을 찍음 하지 않습니다 였습니다.

영국(イギリス이기리스)의 수도는 런던(ロンドン론동)입니다.
우리나라(韓国캉코쿠(한국))의 수도는 서울(ソウル소오루)입니다.

---

나와 그는 대학 때 싸운 적 있다.

## 나와 그는 대학의 때 싸움 했다 / 일이 있다.

일본어로 '싸움', '분쟁'을 의미하는 **喧嘩**켕카를 우리말로는 '훤화'라고 읽습니다.
'훤화'는 '시끄럽게 떠든다'는 뜻입니다.

---

그녀는 여권과 슈트케이스를 점검했다.

## 그녀는 여권과 슈트케이스를 체크 했다.

'여권'은 **パスポート** 파스포-토 혹은 **旅券**료켕이라고 합니다.
'비자'는 **ビザ** 비자라고 합니다.

---

홈페이지의 도메인 주소가 바뀌었습니까?

## 홈페이지의 도메인 주소가 바뀜 했습니까?

도메인 주소의 마지막은 나라마다 다릅니다.
우리나라는 .kr, 일본은 .jp, 중국은 .cn를 사용합니다.

---

터미널 내부의 차임이 울리지 않는다.

## 터미널의 내부의 차임이 울리지 않다.

**鳴る** 나루는 '(종이나 천둥이) 울리다'라는 뜻입니다.
마지막 글자를 바꿔서 **鳴く** 나쿠라고 하면, '(새나 짐승 등이) 울다'라는 뜻입니다.

461

파파랏치 가 타렌토 노 스캰다루 샤싱 오 톹타.

パパラッチが タレントの スキャンダル 写真を 撮った。

462

토쇼칸 데와 시즈카 니 아루키 마스.

図書館では 静かに 歩き ます。

463

와타시 와 마이 슈우마츠, 코오엔 데 테니스 오 스루.

私は 毎 週末、公園で テニスを する。

464

히–토아이란도 노 온도 가 피–쿠 니 탓 시타.

ヒートアイランドの 温度が ピークに 達 した。

465

켁쿄쿠, 케에카쿠 와 십파이 니 오와리 마시타.

結局、計画は 失敗に 終わり ました。

파파라치가 탤런트의 스캔들 사진을 찍었다.

## 파파라치가 탤런트의 스캔들 사진을 찍었다.

일본어에는 동음이의어가 많습니다.
같은 とる토루라도 撮る는 '(사진을) 찍다'라는 뜻이고, 獲る는 '쟁취하다'라는 뜻입니다.

---

도서관에서는 조용히 걷습니다.

## 도서관에서는 조용함에 걸음 합니다.

'학교'는 学校각코오, '도서관'은 図書館토쇼캉,
'미술관'은 美術館비쥬츠캉, '박물관'은 博物館하쿠부츠캉이라고 합니다.

---

나는 매 주말 공원에서 테니스를 한다.

## 나는 매 주말, 공원에서 테니스를 하다.

테니스(テニス테니스)는
조깅(ジョギング죠깅구)이나 배드민턴(バドミントン바도민통) 등으로 바꿔 쓸 수 있습니다.

---

열섬 현상 온도가 최고조에 달했다.

## 히트 아일랜드의 온도가 정점에 달함 했다.

達する탓스루는 '달하다', '도달하다'라는 뜻의 동사인데,
소원이나 희망, 꿈을 이룬다는 의미도 있습니다.

---

결국, 계획은 실패로 끝났습니다.

## 결국, 계획은 실패에 끝 했습니다.

'성공'은 成功세에코오, '실패'는 失敗싯파이,
'시작'은 始め하지메, '끝'은 終わり오와리라고 합니다.

466

세에후 노 쿄오익 세에사쿠 와 마이넨 카와리 마스.

政府の 教育 政策は 毎年 変わり ます。

467

카노죠 와 코-디네-타- 토시테 킴무 시 마시타카?

彼女は コーディネーター として 勤務 し ましたか?

468

소노 헤야 니와 토로휘- 토 키넨 샤싱 가 아리 마시타.

その 部屋には トロフィーと 記念 写真が あり ました。

469

다이가쿠 노 토키 삭카-부 데 카츠도오 시타?

大学の 時 サッカー部で 活動 した?

470

칸레에 도오리 스낙쿠 오 테에쿄오 시 마시타카?

慣例 通り スナックを 提供 し ましたか?

정부의 교육정책은 매년 바뀝니다.

## 정부의 교육 정책은 매년 바뀜 합니다.

일본의 大学入試センター試験다이가쿠뉴우시센타-시켕은
우리나라의 '수능'에 해당하는 대입 시험입니다. 짧게 センター試験센타-시켕이라고 부릅니다.

그녀는 코디네이터로 근무했습니까?

## 그녀는 코디네이터로서 근무 함 했습니까?

勤務する킴무스루(근무하다)와 비슷한 뜻의 동사로
働く하타라쿠(일하다, 움직이다)와 勤める츠토메루(종사하다, 근무하다) 등이 있습니다.

그 방에는 트로피와 기념사진이 있었습니다.

## 그 방에는 트로피와 기념 사진이 있음 했습니다.

'A와(과) B'같이 나열할 때 쓰는 조사로는 と토와 や야가 있습니다.
이 중에서 と토는 '언급된 것이 전부'라는 뉘앙스가 있습니다.

대학 때 축구부에서 활동했어?

## 대학의 때 축구부에서 활동 했다?

축구(サッカー삭카-)는 야구(野球야큐우)나 농구(バスケットボール바스켇토보-루),
테니스(テニス테니스) 등으로 바꿔 쓸 수 있습니다.

관례대로 스낵을 제공했습니까?

## 관례 대로 스낵을 제공 함 했습니까?

通り토오리는 원래 '큰길', '대로'라는 뜻입니다.
하지만 명사나 동사의 뒤에 붙으면 '~한대로'라는 뜻으로 사용됩니다.

471

마이토시 훅시자이단니 카방오 키후 시마스.

毎年 福祉財団に カバンを 寄付 し ます。

472

아이로니- 데스 가, 카케에니 타스케니 나리 마시타.

アイロニ- です が、家計に 助けに なり ました。

473

에레베-타- 데 인타-안니 데앋타.

エレベーターで インターンに 出会った。

474

케에사츠와 소오사노 켁카오 합표오 시마시타카?

警察は 捜査の 結果を 発表 し ましたか?

475

와타시와 마-켇팅구노 푸로제쿠토니 상카 시마센 데시타.

私は マーケッティングの プロジェクトに 参加 し ません でした。

매년 복지재단에 가방을 기부합니다.

## 매년 복지재단에 가방을 기부 함 합니다.

**毎年**(매년)을 일본어로 **まいねん**마이넹 혹은 **まいとし**마이토시라고 읽습니다.
둘 다 맞는 표현이므로, 편한 쪽으로 읽으면 됩니다.

---

아이러니하지만, 가게에 도움이 됐습니다.

## 아이러니 입니다 지만, 가계에 도움에 됨 했습니다.

일본어로 '돕다'를 **助ける**타스케루라고 합니다.
이 **助ける**타스케루(돕다)를 명사화하면 '도움'이라는 뜻의 **助け**타스케가 됩니다.

---

엘리베이터에서 인턴과 만났다.

## 엘리베이터에서 인턴에 만났다.

**出会う**데아우와 **会う**아우는 둘 다 '만나다'라는 뜻이지만,
**出会う**데아우는 우연히 만났다는 뉘앙스가 있습니다.

---

경찰은 수사 결과를 발표했습니까?

## 경찰은 수사의 결과를 발표 함 했습니까?

일본어로 '경찰서'는 **警察署**케에사츠쇼, '파출소'는 **交番**코오방이라고 합니다.

---

저는 마케팅 프로젝트에 참가하지 않았습니다.

## 나는 마케팅의 프로젝트에 참가 함 하지 않습니다 였습니다.

우리말과 달리, 일본어는 1인칭 대명사가 여러 가지입니다.
그래서 상황이나 성별에 따라 적절한 '나'를 골라 써야 합니다.

476

호-무페-지 노 아도레스 와 카키 마센 데시타.

ホームページの アドレスは 書き ません でした。

477

카레 와 온다이 데 쿠라리넫토 오 셍코오 시 마시타.

彼は 音大で クラリネットを 専攻 し ました。

478

멘타루헤루스 니 아로마세라피- 가 타스케 니 나리 마스카?

メンタルヘルスに アロマセラピーが 助けに なり ますか?

479

캉케에샤 마데 젱인 타이호 시타.

関係者まで 全員 逮捕 した。

480

코노 스-파-마-켇토 데 사츠진 지켕 가 오콛타.

この スーパーマーケットで 殺人 事件が 起こった。

홈페이지의 주소는 적지 않았습니다.

홈페이지의 주소는 씀 하지 않습니다 였습니다.

우리나라와 마찬가지로 일본도 일상에서 외래어를 많이 사용합니다.
이때, 외래어는 가타카나로 표기합니다.

---

그는 음대에서 클라리넷을 전공했습니다.

그는 음대에서 클라리넷을 전공 함 했습니다.

클라리넷(クラリネット 쿠라리넽토)은
작곡(作曲 삭쿄쿠)이나 지휘(指揮 시키) 등으로 바꿔 쓸 수 있습니다.

---

정신건강에 아로마 요법이 도움이 됩니까?

정신건강에 아로마 요법이 도움에 됨 합니까?

メンタルヘルス 멘타루헤루스는 mental health의 일본어 표기입니다.
'정신 건강', '정신 보건'이라는 의미로 흔히 사용됩니다.

---

관계자까지 전원 체포했다.

관계자까지 전원 체포 했다.

まで 마데는 '~까지'라는 뜻의 조사입니다.
숫자나 시간은 물론이고 사람이나 장소에도 사용할 수 있습니다.

---

이 슈퍼마켓에서 살인 사건이 일어났다.

이 슈퍼마켓에서 살인 사건이 일어났다.

슈퍼마켓(スーパーマーケット 스-파-마-켙토)은
학교(学校 각코오)나 병원(病院 뵤오잉) 등으로 바꿔 쓸 수 있습니다.

481

코노 슈쥬츠 니와 난 닌 노 이샤 가 상카 시 마스카?

この 手術には 何 人の 医者が 参加 し ますか?

482

삭센 노 타메 테로리즈무 노 구루-푸 토 콘타쿠토 시타.

作戦の ため テロリズムの グループと コンタクト した。

483

쿄오 카라 바-겐 세-루 가 하지마루 / 노?

今日から バーゲン セールが 始まる / の?

484

키미 와 토쇼칸 데 돈나 쇼오세츠 오 욘다?

君は 図書館で どんな 小説を 読んだ?

485

지신 노 아토 와, 츠나미 노 카노오세에 가 타카마리 마스.

地震の 後 は、津波の 可能性が 高まり ます。

이 수술에는 몇 명의 의사가 참가합니까?

## 이 수술에는 몇 명의 의사가 참가 함 합니까?

일본은 한자 획순을 간략화한 '신자체'라는 한자를 씁니다.
그래서 같은 한자라도 우리나라 한자와 모양이 다릅니다.

작전을 위해 테러리즘 그룹과 접촉했다.

## 작전의 위해 테러리즘의 그룹과 접촉 했다.

일본어에서는 명사와 명사가 바로 연결될 수 없습니다.
그래서 명사와 명사 사이에 の노를 넣어주는데, 이 の노는 해석하지 않습니다.

오늘부터 할인판매가 시작되니?

## 오늘부터 바겐 세일이 시작되다 / 것?

일본어로 '오늘'은 **今日**쿄오라고 합니다.
'어제'는 **昨日**키노오, '내일'은 **明日**아시타입니다.

너는 도서관에서 무슨 소설 읽었어?

## 너는 도서관에서 어떤 소설을 읽었다?

**君**을 일본어로 **きみ**키미 혹은 **くん**쿵이라고 발음합니다.
**きみ**키미라고 읽으면 '너'라는 뜻의 2인칭 대명사입니다.

지진 후에는, 쓰나미 가능성이 커집니다.

## 지진의 후 는, 쓰나미의 가능성이 높아짐 합니다.

일본에서 지진은 일상에서 흔히 일어나는 일입니다.
하지만 아무리 작은 규모라도, 지진이 일어나면 쓰나미 가능성을 꼭 알립니다.

486

츠기 노 파훠-만스 와 도코 데 시 마스카?

次の パフォーマンスは どこで し ますか?

487

아나타 와 카레 토 네-데루란도 데 데아이 마시타카?

あなたは 彼と ネーデルランドで 出会い ましたか?

488

아나타 와 카노죠 노 신세츠나 오오타이 니 만족 시 마시타카?

あなたは 彼女の 親切な 応対に 満足 し ましたか?

489

카레 노 록카- 노 나카 니 나이후 가 아리 마시타.

彼の ロッカーの 中に ナイフが あり ました。

490

쿠리스마스 니와 오오쿠 노 캅푸루 가 탄죠오 스루.

クリスマスには 多くの カップルが 誕生 する。

다음 퍼포먼스는 어디에서 합니까?

## 다음의 퍼포먼스는 어디에서 함 합니까?

どこ 도코는 '어디'라는 대명사입니다.
'여기'는 ここ 코코, '거기'는 そこ 소코, '저기'는 あそこ 아소코라고 합니다.

당신은 그와 네덜란드에서 만났습니까?

## 당신은 그와 네덜란드에서 만남 했습니까?

네덜란드(ネーデルランド 네-데루란도)는
영국(イギリス 이기리스)이나 덴마크(デンマーク 뎀마-쿠) 등으로 바꿔 쓸 수 있습니다.

당신은 그녀의 친절한 응대에 만족했습니까?

## 당신은 그녀의 친절한 응대에 만족 함 했습니까?

일본어의 형용사는 い 이형용사와 な 나형용사로 나뉩니다.
な 나형용사는 명사를 수식할 때 '~な 나 + 명사'의 형태가 됩니다.

그의 로커 안에 나이프가 있었습니다.

## 그의 로커의 안에 나이프가 있음 했습니다.

나이프(ナイフ 나이후)는
가위(ハサミ 하사미)나 커터칼(カッターナイフ 캇타-나이후) 등으로 바꿔 쓸 수 있습니다.

크리스마스에는 많은 커플이 탄생한다.

## 크리스마스에는 많음의 커플이 탄생 하다.

우리는 사랑하는 사람을 '애인(愛人)'이라고 합니다.
하지만, 일본에서 愛人 아이징은 '정부'나 '불륜 상대'를 뜻합니다.

491

이치 오 효오지 시테 카라 케에사츠 니 렌락 시타.

位置を 表示 して から 警察に 連絡 した。

492

안젠 노 타메 카레 노 이켄 니 산세에 시타.

安全の ため 彼の 意見に 賛成 した。

493

부리-휭구 노 코토 데 소오단 시 마시타.

ブリーフィングの ことで 相談 し ました。

494

뉴-스 데 코오무인 히리 지켕 오 호오소오 시타.

ニュースで 公務員 非理 事件を 放送 した。

495

아마츄아 노 스이에에 타이카이 데 메다루 오 톹타.

アマチュアの 水泳 大会で メダルを 獲った。

위치를 표시하고 나서 경찰에 연락했다.

## 위치를 표시 하고 나서 경찰에 연락 했다.

から카라는 원래 '~부터'라는 뜻입니다.
그러나, 동사의 て테형 + から카라는 '~하고 나서'라는 의미입니다.

---

안전을 위해 그의 의견에 찬성했다.

## 안전의 위해 그의 의견에 찬성 했다.

'~을(를) 위해'와 같이 우리는 '위하다' 앞에 '~을(를)'을 연결합니다.
하지만 일본에서는 ~の ため노 타메(~의 위해)라고 합니다.

---

브리핑 관련해서 상담했습니다.

## 브리핑의 일로 상담 함 했습니다.

일본 기업에서 강조하는 것 중 하나로, **報連相** 호오렌소오 라는 게 있습니다.
보고(報告호오코쿠)·연락(連絡렌라쿠)·상담(相談소오당)을 뜻합니다.

---

뉴스에서 공무원 비리 사건을 방송했다.

## 뉴스에서 공무원 비리 사건을 방송 했다.

공무원(公務員코오무잉)은
경찰(警察케에사츠)이나 변호사(弁護士벵고시) 등으로 바꿔 쓸 수 있습니다.

---

아마추어 수영대회에서 메달을 땄다.

## 아마추어의 수영 대회에서 메달을 땄다.

**獲る**(쟁취하다)와 **取る**(잡다), **撮る**((사진을) 찍다)는 모두 とる토루라고 발음하므로
사용에 주의해야 합니다.

496

에키 데 에레베-타- 노 지코 가 오코리 마시타.

駅で エレベーターの 事故が 起こり ました。

497

카노죠 와 돈나 센세에 니 소오당 오 우케 마시타카?

彼女は どんな 先生に 相談を 受け ましたか?

498

팃슈페-파- 와 테-부루 노 우에 니 아리 마스카?

ティッシュペーパーは テーブルの 上に あり ますか?

499

리락쿠스 노 타메 아로마세라피- 오 리요오 시타.

リラックスの ため アロマセラピーを 利用 した。

500

에키 노 마에 데 파토카- 토 토락쿠 가 부츠캇타.

駅の 前で パトカーと トラックが ぶつかった。

역에서 엘리베이터 사고가 났습니다.

## 역에서 엘리베이터의 사고가 일어남 했습니다.

'역'은 駅에키, '버스 정류장'은 バス停바스테에, '터미널'은 ターミナル타-미나루,
'공항'은 空港쿠우코오입니다.

---

그녀는 어떤 선생님에게 상담받았습니까?

## 그녀는 어떤 선생님에게 상담을 받음 했습니까?

受ける우케루는 피해나 혜택, 상황 등 '사물이 아닌 것'을 받을 때 쓰는 '받다'입니다.
사물을 받을 땐 もらう모라우라고 합니다.

---

티슈는 테이블 위에 있습니까?

## 티슈는 테이블의 위에 있음 합니까?

일본에서는 두루마리 휴지를 화장실에서만 씁니다.
그래서 '두루마리 휴지'는 일본어로 トイレットペーパー토이렡토페-파-라고 합니다.

---

릴랙스를 위해 아로마 요법을 이용했다.

## 릴랙스의 위해 아로마 요법을 이용 했다.

利用する리요오스루(이용하다)는 '이용'이라는 명사에 する스루가 연결된 표현입니다.
비슷한 표현으로 使う츠카우(사용하다)가 있습니다.

---

역 앞에서 경찰차와 트럭이 충돌했다.

## 역의 앞에서 경찰차와 트럭이 부딪쳤다.

우리는 경찰차를 한자를 써서 警察車라고 합니다.
그러나, 일본에서는 외래어를 써서 パトカー파토카-라고 합니다.

501

코오소쿠도오로노 사-비스에리아데 지코가 오코리 마시타카?

高速道路の サービスエリアで 事故が 起こり ましたか?

502

오토오토 토 코오엔 노 쟝구루지무 데 아손다.

弟と 公園の ジャングルジムで 遊んだ。

503

소노 마-토 데와 슈우마츠 마데 샴푸- 오 세-루 시 마스.

その マートでは 週末まで シャンプーを セール し ます。

504

쿠리스마스츠리-노 시타 데 쿠라리넷토 오 엔소오 시타.

クリスマスツリーの 下で クラリネットを 演奏 した。

505

아노 하리웃도 에에가 와 오토오산 토 미 마시타.

あの ハリウッド 映画は お父さんと 見 ました。

고속도로 휴게소에서 사고가 났습니까?

고속도로의 휴게소에서 사고가 일어남 했습니까?

起こる오코루는 '일어나다'라는 뜻입니다. 사건이나 감정이 일어날 때 주로 사용하는데, 아이가 경기를 일으키는 것도 起こる오코루라고 합니다.

남동생이랑 공원 정글짐에서 놀았다.

남동생과 공원의 정글짐에서 놀았다.

일본어로 '형/오빠'를 兄아니, '언니/누나'를 姉아네, '여동생'은 妹이모오토, '남동생'은 弟오토오토라고 합니다.

그 마트에서는 주말까지 샴푸를 할인합니다.

그 마트에서는 주말까지 샴푸를 할인 함 합니다.

샴푸(シャンプー샴푸-)는 비누(石鹸섹켄), 치약(歯磨き粉하미가키코) 등으로 바꿔 쓸 수 있습니다.

크리스마스트리 아래에서 클라리넷을 연주했다.

크리스마스트리의 아래에서 클라리넷을 연주 했다.

일본어로 '위'는 上우에, '아래'는 下시타, '왼쪽'은 左히다리, '오른쪽'은 右미기라고 합니다.

그 할리우드 영화는 아버지와 봤습니다.

저 할리우드 영화는 아버지와 봄 했습니다.

일본어에서 と토는 나열을 뜻하는 조사(~와(과))로도 쓰지만, 전언 표현(~라고)이나 가정 표현(~하면) 등으로도 사용됩니다.

506

아푸리케-숀 노 효오카 오 모니타링구 시 나캇타.

アプリケーションの 評価を モニタリング し なかった。

507

카노죠 와 슈미 데 게-무 오 시 마스.

彼女は 趣味で ゲームを し ます。

508

와타시 와 인타-넷토 니 치즈 오 켄삭 시타.

私は インターネットに 地図を 検索 した。

509

하쿠부츠칸 데 안나이 오 탄토오 시 마시타.

博物館で 案内を 担当 し ました。

510

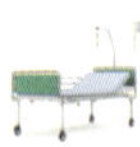

카레 와 뵤오인 노 케에비 토 켕카 시타.

彼は 病院の 警備と 喧嘩 した。

애플리케이션의 평가를 모니터링하지 않았다.

## 애플리케이션의 평가를 모니터링 함 않았다.

일본 고유의 글자는 히라가나와 가타카나 2가지가 있습니다.
이중 가타카나는 외래어나 외국어를 표기하는 데 주로 사용합니다.

---

그녀는 취미로 게임을 합니다.

## 그녀는 취미로 게임을 함 합니다.

취미(趣味 슈미)라고 하면,
음악감상(音楽鑑賞 옹가쿠칸쇼오)이나 독서(読書 독쇼) 등이 흔히 거론됩니다.

---

나는 인터넷에 지도를 검색했다.

## 나는 인터넷에 지도를 검색 했다.

일본에서는 한자의 획순을 간략화한 '신자체'라는 한자를 씁니다.
그래서 같은 한자라도 우리가 쓰는 한자와는 다른 모양인 경우가 많습니다.

---

박물관에서 안내를 담당했습니다.

## 박물관에서 안내를 담당 함 했습니다.

を와 お는 둘 다 오라고 발음하지만, 사용법은 전혀 다릅니다.
を오는 오직 '~을(를)'이라는 조사로만 쓸 수 있는 글자입니다.

---

그는 병원 경비와 싸웠다.

## 그는 병원의 경비와 싸움 했다.

일본어로 '싸움', '분쟁'을 의미하는 **喧嘩** 켕카를 우리말로는 '훤화'라고 읽습니다.
'훤화'는 '시끄럽게 떠든다'는 뜻입니다.

511

아나타 와 센세에 카라 렌라쿠 오 우케 마시타카?

あなたは 先生から 連絡を 受け ましたか?

512

코노 하나시 가 돈나 이미 카 젠젱 와카라 나이.

この 話が どんな 意味か 全然 分から ない。

513

호-루 노 카타스미 데 펜시루 데 뎃산 시타.

ホールの 片すみで ペンシルで デッサン した。

514

코-디네-타- 와 우-루 노 세-타- 오 에란다.

コーディネーターは ウールの セーターを 選んだ。

515

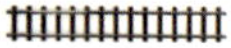

아나타 와 나제 센로 니 이마시타카?

あなたは 何故 線路に いましたか?

당신은 선생님에게서 연락을 받았습니까?

## 당신은 선생님부터 연락을 받음 했습니까?

우리는 '선생님'이라고 뒤에 존칭 표현 '님'을 붙여서 씁니다.
하지만 일본에서는 그냥 **先生**센세에라고 합니다.

---

이 이야기가 어떤 의미인지 전혀 모르겠어.

## 이 이야기가 어떤 의미인지 전혀 알지 않다.

**分かる**와카루는 '이해하다', '깨닫다'라는 뉘앙스의 '알다'입니다.
상식이나 지식을 '아는 것'은 **知る**시루라고 합니다.

---

홀의 한쪽 구석에서 연필로 데생했다.

## 홀의 한쪽 구석에서 연필로 데생했다.

우리는 '샤프펜슬'을 보통 '샤프'라고 줄여 부릅니다.
일본에서는 **シャープペンシル**샤-푸펜시루를 **シャーペン**샤-펭이라고 줄여 말합니다.

---

코디네이터는 양모 스웨터를 골랐다.

## 코디네이터는 양모의 스웨터를 골랐다.

스웨터(セーター세-타-)는
카디건(カーディガン카-디강)이나 재킷(ジャケット쟈켓토) 등으로 바꿔 쓸 수 있습니다,

---

당신은 왜 선로에 있었습니까?

## 당신은 왜 선로에 있었습니까?

일본어에서는 사람인지 사물인지에 따라 다른 '있다'를 사용합니다.
사람이나 동물은 **いる**이루, 사물에는 **ある**아루를 씁니다.

# 음편현상

무조건 た타 로 끝나는 것이 동사 과거형의 특징입니다.

* 2그룹 동사 예시

하지만 1그룹 동사의 과거형을 만드는 것은 조금 더 복잡합니다.
이것은 음편현상 때문입니다.

* 1그룹 동사 예시

동영상 강의

## 음편현상이란

1. 음편현상은 발음을 간단하게 하기 위해 일어납니다.

2. 음편현상은 오직 1그룹 동사에서만 일어납니다.
2그룹 동사를 활용할 때는 마지막 글자를 제거한다는 점이 1그룹 동사의 활용과 다르기 때문입니다.

3. 음편현상은 1그룹 동사 뒤에 다음 표현을 붙여줄 때 일어납니다.

| | | |
|---|---|---|
| - た | 타 | 과거형 (~했다) |
| - て/で | 테/데 | 조사 (~하고) *중요 |
| - たら | 타라 | 조사 (~하면) |
| - たり | 타리 | 조사 (~하거나) |

4. 음편현상으로 인해 발음이 어떻게 바뀔지는 1그룹 동사의 마지막 글자에 의해 결정됩니다.

### 읽어보세요!

음편현상은 ㅌ, ㄷ 발음과 함께 발생한다는 것을 알 수 있습니다. 하지만 1그룹 동사 뒤에 ㅌ, ㄷ 발음이 왔다고 해서 무조건 음편현상이 발생하는 것은 아닙니다.
음편현상은 1그룹 동사 뒤에 위 4가지의 ㅌ, ㄷ 발음이 따라왔을 때만 발생합니다.

음편현상은 1그룹 동사의 마지막 글자가 결정합니다.

현재형 → 과거형

会(아) う(우) → 会(아) っ(ㄷ) た(타)

↳ 마지막 글자에 따라 ↳ 음편의 형태가 결정된다

**5가지 음편 현상**

| 현재형 | | 과거형 |
|---|---|---|
| ○○う 우 | → | ○○った ㄷ타 |
| ○○つ 츠 | → | ○○った ㄷ타 |
| ○○る 루 | → | ○○った ㄷ타 |
| ○○む 무 | → | ○○んだ ㄴ다 |
| ○○ぶ 부 | → | ○○んだ ㄴ다 |
| ○○く 쿠 | → | ○○いた 이타 |
| ○○ぐ 구 | → | ○○いだ 이다 |
| ○○す 스 | → | ○○した 시타 |

* す스가 した시타로 변하는 것은
사실 음편현상이 아니라 정상적인 어미 변화입니다.
하지만 어차피 음편현상과 함께 외워야 합니다.

| | | | | | | |
|---|---|---|---|---|---|---|
| 買う | 카우 | 사다 | → | 買った | 칸타 | 샀다 |
| 打つ | 우츠 | 때리다 | → | 打った | 운타 | 때렸다 |
| 座る | 스와루 | 앉다 | → | 座った | 스완타 | 앉았다 |
| 飲む | 노무 | 마시다 | → | 飲んだ | 논다 | 마셨다 |
| 遊ぶ | 아소부 | 놀다 | → | 遊んだ | 아손다 | 놀았다 |
| 聞く | 키쿠 | 듣다 | → | 聞いた | 키이타 | 들었다 |
| 泳ぐ | 오요구 | 수영하다 | → | 泳いだ | 오요이다 | 수영했다 |
| 探す | 사가스 | 찾다 | → | 探した | 사가시타 | 찾았다 |

**ぬ** 누 로 끝나는 동사도 역시 **んだ** ㄴ다 라고 합니다.

하지만, **ぬ** 로 끝나는 동사는 **死ぬ** 시누 | 죽다 라는 단어 하나밖에 없습니다.

'죽었다'는 **死んだ** 신다 라고 합니다.

516

츠기노 슈우마츠니 토모다치가 켁콘 스루.

次の 週末に 友達が 結婚 する。

517

셈몽카노 이켄토 세에후노 이켕가 쇼오토츠 시마시타카?

専門家の 意見と 政府の 意見が 衝突 しましたか?

518

소노 구라후와 도노 훠루다-니 아루?

その グラフは どの フォルダーに ある?

519

부락쿠아우토데 파소콘노 뎅겡가 키레마시타카?

ブラックアウトで パソコンの 電源が 切れ ましたか?

520

코오세에노오노 파소콩와 아마리 이라 나이.

高性能の パソコンは あまり 要ら ない。

다음 주말에 친구가 결혼한다.

## 다음의 주말에 친구가 결혼 하다.

최근 '스몰웨딩'이 주목받고 있습니다.
일본에서는 **地味婚**지미콩이라고 하는데, **地味**지미는 '수수함', '검소함'이라는 뜻입니다.

전문가의 의견과 정부의 의견이 충돌했습니까?

## 전문가의 의견과 정부의 의견이 충돌 함 했습니까?

**衝突する**쇼오토츠스루(충돌하다)는
같은 뜻의 동사 **ぶつかる**부츠카루(부딪치다, 충돌하다)로 바꿔 써도 괜찮습니다.

그 그래프는 어느 폴더에 있어?

## 그 그래프는 어느 폴더에 있다?

**この**코노는 '이', **その**소노는 '그', **あの**아노는 '저', **どの**도노는 '어느'라는 뜻입니다.
명사를 수식하면서 강조하는 역할을 합니다.

정전으로 컴퓨터의 전원이 꺼졌습니까?

## 블랙 아웃으로 컴퓨터의 전원이 끊어짐 했습니까?

**ブラックアウト**부락쿠아우토는 '정전'이라는 뜻 외에,
'기억상실'이나 '무대의 암전' 등을 의미하기도 합니다.

고성능 컴퓨터는 그다지 필요 없다.

## 고성능의 컴퓨터는 그다지 필요하지 않다.

일본에서는 **コンピューター**콤퓨-타-(컴퓨터)라는 말보다
**パソコン**파소콩(PC)이라는 말을 더 흔히 사용합니다.

521

모쿠요오비 니와 에에가칸 니 이키 마센 데시타.

木曜日には 映画館に 行き ません でした。

522

카노죠 노 리론 니 켇텡 가 아리 마스카?

彼女の 理論に 欠点が あり ますか?

523

카레 와 센슈우 키콕 시 마시타.

彼は 先週 帰国 し ました。

524

콩게츠 와 세에카츠 니 요유우 가 아리 마스.

今月は 生活に 余裕が あり ます。

525

와타시 와 코오무인 노 시켄 니 고오칵 시 마시타.

私は 公務員の 試験に 合格 し ました。

목요일에는 영화관에 가지 않았습니다.

## 목요일에는 영화관에 감 하지 않습니다 였습니다.

우리나라에서는 영화 티켓을 인터넷으로 예매하는 게 보편화한 지 오래됐지만,
일본에서는 인터넷 예매 시스템이 도입된 지 오래되지 않았습니다.

---

그녀의 이론에 결점이 있습니까?

## 그녀의 이론에 결점이 있음 합니까?

이론(理論리롱)은
논문(論文롬붕)이나 대답(答え코타에) 등으로 바꿔 쓸 수 있습니다.

---

그는 지난주에 귀국했습니다.

## 그는 지난주 귀국 함 했습니다.

일본어로 '작년'은 **去年**쿄넹, '지난달'은 **先月**셍게츠, '지난주'는 **先週**센슈우,
'어제'는 **昨日**키노오입니다.

---

이번 달은 생활에 여유가 있습니다.

## 이번 달은 생활에 여유가 있음 합니다.

생활(生活세에카츠)은
살림(暮し쿠라시)이나 가계(家計카케에), 예산(予算요상) 등으로 바꿔 쓸 수 있습니다.

---

저는 공무원 시험에 합격했습니다.

## 나는 공무원의 시험에 합격 함 했습니다.

일본어로 '합격'은 **合格**고오카쿠, '불합격'은 **不合格**후고오카쿠,
'낙제'는 **落第**라쿠다이라고 합니다.

526

코오 와 야스미 다카라 아소비 니 이키 마스.

今日は 休み だから 遊びに 行き ます。

527

치카테츠 데 도오큐우세에 니 데앋타.

地下鉄で 同級生に 出会った。

528

쟈가- 와 지소쿠 낭 키로 데 하시리 마스카?

ジャガ-は 時速 何 キロで 走り ますか?

529

사이킨 도아 오 오-토록쿠 니 카에 마시타.

最近 ドアを オ-トロックに 変え ました。

530

히코오키 노 치켇토 캉케에 노 시고토 오 시 마시타.

飛行機の チケット 関係の 仕事を し ました。

오늘은 휴일이니까 놀러 갑니다.

## 오늘은 쉼 이니까 놀음에 감 합니다.

우리는 '휴식', '휴일', '휴가', '방학'을 구분해서 말합니다.
하지만 일본에서는 모두 **休み**야스미라고 합니다.

지하철에서 동급생을 만났다.

## 지하철에서 동급생에 만났다.

우리는 보통 '지하철'이나 '전철'이라는 표현을 쓰는데,
일본에서는 **電車**덴샤라는 표현도 많이 씁니다.

재규어는 시속 몇 킬로미터로 달립니까?

## 재규어는 시속 몇 킬로로 달림 합니까?

재규어(ジャガー자가-)는
치타(チーター치-타-)나 퓨마(ピューマ퓨-마) 등으로 바꿔 쓸 수 있습니다.

최근 문을 오토락으로 바꿨습니다.

## 최근 문을 오토락에 바꿈 했습니다.

우리나라는 일반 가정집의 현관문도 오토락인 곳이 많지만,
일본은 아직 열쇠를 사용하는 곳이 많습니다.

항공권 관련 일을 했습니다.

## 비행기의 티켓 관계의 일을 함 했습니다.

**仕事**시고토는 '업무', '직업'이라는 뉘앙스의 '일'입니다.
그래서 직업을 물어볼 때도 **仕事**시고토를 사용해서 물어봅니다.

531

소노 코도모타치 와 도오지 니 코타에 마시타.

その 子供たちは 同時に 答え ました。

532

키미타치 모 인후레-숀 데 송 오 시타?

君たちも インフレーションで 損を した?

533

다이야구라무 오 스쿠랍푸 시타.

ダイヤグラムを スクラップ した。

534

베-카리- 데 샴판 토 케-키 캇타?

ベーカリーで シャンパンと ケーキ 買った?

535

카노죠 와 카훼 데 케-키 오 츠쿳타.

彼女は カフェで ケーキを 作った。

그 애들은 동시에 대답했습니다.

## 그 아이들은 동시에 대답했습니다.

子供たち 코도모타치는 '아이들', 子たち 코타치는 '애들'이라는 어감의 미묘한 차이가 있습니다.

너희도 인플레이션으로 손해를 봤어?

## 너희도 인플레이션으로 손해를 했다?

일본어 조사 も모는 '~도'라는 뜻인데,
숫자의 뒤에 오면 '~이나'라는 강조의 의미로 사용되기도 합니다.

다이어그램을 스크랩했다.

## 다이어그램을 스크랩했다.

다이어그램(ダイヤグラム다이야구라무)은
기사(記事키지)나 사진(写真샤싱) 등으로 바꿔 쓸 수 있습니다.

제과점에서 샴페인이랑 케이크 샀어?

## 제과점에서 샴페인과 케이크 샀다?

'식빵'은 食パン쇼쿠팡, '피자 빵'은 ピザトースト피자토-스토,
'바게트'는 フランスパン후란스팡이라고 합니다.

그녀는 카페에서 케이크를 만들었다.

## 그녀는 카페에서 케이크를 만들었다.

作る 츠쿠루(만들다)는 물건을 만드는 것 이외에,
친구나 연인을 만들거나 음식을 만드는 것에도 사용할 수 있습니다.

536

훋토보-루 데 페나루티- 오 우케 마시타카?

フットボールで ペナルティーを 受け ましたか?

537

치큐우 니와 닝겡 이가이 노 세에부츠 모 이마스.

地球には 人間 以外の 生物も います。

538



키노오, 데파-토 노 세-루 가 오왇타?

昨日、デパートの セールが 終わった?

539

오레 와 토루코 노 붕카 니 쿄오미 가 아루.

俺は トルコの 文化に 興味が ある。

540

와타시 와 직켕 가 세에코오 스루 토 오몯타.

私は 実験が 成功 する と 思った。

풋볼에서 페널티를 받았습니까?

## 풋볼에서 페널티를 받음 했습니까?

일본어로 '레드카드'는 レッドカード 렏도카-도,
'옐로카드'는 イエローカード 이에로-카-도라고 합니다.

---

지구에는 인간 이외의 생물도 있습니다.

## 지구에는 인간 이외의 생물도 있습니다.

生物은 せいぶつ 세에부츠 혹은 なまもの나마모노라고 합니다.
せいぶつ 세에부츠는 '생물', なまもの나마모노는 '날것'이라는 뜻입니다.

---

어제, 백화점 할인판매가 끝났어?

## 어제, 백화점의 세일이 끝났다?

일본어로 '어제(昨日)'와 '기능(機能)'은 둘 다 きのう 키노오라고 발음합니다.

---

나는 터키 문화에 흥미가 있다.

## 나는 터키의 문화에 흥미가 있다.

'터키'는 トルコ 토루코, '이집트'는 エジプト 에지푸토, '러시아'는 ロシア 로시아라고 합니다.

---

나는 실험이 성공할 것으로 생각했다.

## 나는 실험이 성공 하다 라고 생각했다.

히라가나 は는 원래 하라고 읽는데,
'~은(는)'이라는 조사로 쓰일 땐 와라고 읽습니다.

# 일본어와 우리말은 지나치게 비슷하다

-첫날부터 잘한다-

1 마시다.

2 마셨다.

3 마십니다.

4 마셨습니다.

5 마시지 않다.

6 마시지 않았다.

7 마시지 않습니다.

8 마시지 않았습니다.

# 앞으로 소개할 8문형 미리 보기

1 노무.
飲む。마시다.

2 논다.
飲んだ。마셨다.

3 노미 마스.
飲みます。마십니다.

4 노미 마시타.
飲みました。마셨습니다.

5 노마 나이.
飲まない。마시지 않다.

6 노마 나캇타.
飲まなかった。마시지 않았다.

7 노미 마셍.
飲みません。마시지 않습니다.

8 노미 마센 데시타.
飲みませんでした。마시지 않았습니다.

**Tip**

1그룹 동사를 부정표현으로 바꿀 때, 동사의 어미는 **아** あ 단으로 변합니다.

마시다: 飲(노) む(무) → 마시지 않다: 飲(노) ま(마) ない(나이)

그런데 어미가 **우** う 인 1그룹 동사는 **아** あ가 아니라 **와** わ로 변합니다.

사다: 買(카) う(우) → 사지 않다: 買(카) わ(와) ない(나이)

541

유우빙교쿠 와 토쇼칸 노 마에 니 아리 마스카?

郵便局は 図書館の 前に あり ますか?

542

쿄오 노 란치 데 소바 오 츠쿧타.

今日の ランチで そばを 作った。

543

카노죠 와 스타이루 가 이이 토 오모이 마스.

彼女は スタイルが いいと 思い ます。

544

하-토 노 카타치 노 빈셍 오 카이 마시타.

ハートの 形の 便箋を 買い ました。

545

오레 노 헤루멘토 니 펭키 오 코보시타?

俺の ヘルメットに ペンキを こぼした?

우체국은 도서관 앞에 있습니까?

## 우체국은 도서관의 앞에 있음 합니까?

우체국(郵便局유우빙쿄쿠)은
경찰서(警察署케에사츠쇼)나 소방서(消防署쇼오보오쇼) 등으로 바꿔 쓸 수 있습니다.

오늘 점심으로 메밀국수를 만들었다.

## 오늘의 점심으로 메밀국수를 만들었다.

메밀가루로 만든 일본 전통 면 요리를 そば소바라고 합니다.
'가락국수'는 うどん우동, '라면'은 ラーメン라-멩이라고 합니다.

그녀는 스타일이 좋다고 생각합니다.

## 그녀는 스타일이 좋다 라고 생각 합니다.

良い(좋다)는 いい이이 혹은 よい요이라고 발음하는데,
어미가 く쿠로 변하면 よく요쿠라고 합니다.

하트 모양의 편지지를 샀습니다.

## 하트의 모양의 편지지를 삼 했습니다.

일본어로 '편지'는 手紙테가미, '편지지'는 便箋빈셍, '엽서'는 葉書하가키라고 합니다

내 헬멧에 페인트를 흘렸어?

## 나의 헬멧에 페인트를 흘렸다?

일본어는 1인칭 대명사가 다종다양합니다.
그래서 성별이나 대화 상대 등에 따라서 적절한 '나'를 골라서 써야 합니다.

546

이소이데 부레-키 페다루 오 후미 마시타.

急いで ブレーキ ペダルを 踏み ました。

547

코노 코오엥 와 무카시, 쿠우궁 키치 닫타 토 이우.

この 公園は 昔、空軍 基地 だった と 言う。

548

혿토케-키 토 미루쿠 오 타베 마시타.

ホットケーキと ミルクを 食べ ました。

549

넥쿠레스 가 맡토레스 노 시타 카라 데타?

ネックレスが マットレスの 下から 出た?

550

와타시타치 와 소노 비데오 오 미 마센 데시타.

私たちは その ビデオを 見 ません でした。

급하게 브레이크 페달을 밟았습니다.

## 급하게 브레이크 페달을 밟음 했습니다.

브레이크 페달(ブレーキペダル부레-키페다루)은
액셀(アクセル악세루)이나 클러치(クラッチ쿠랏치) 등으로 바꿔 쓸 수 있습니다.

---

이 공원은 옛날엔 공군 기지였다고 한다.

## 이 공원은 옛날, 공군 기지였다 라고 말하다.

일본은 헌법 제9조(평화헌법)에 의해, 군대나 교전권이 없습니다.
그래서 군(軍)이 아니라, '자위대(自衛隊지에에타이)'라고 합니다.

---

핫케이크와 우유를 먹었습니다.

## 핫케이크와 우유를 먹음 했습니다.

ミルク미루쿠는 영어 milk를 일본식으로 읽은 것입니다.
우리나라처럼 일본도 외래어를 많이 사용합니다.

---

목걸이가 매트리스 밑에서 나왔어?

## 목걸이가 매트리스의 아래부터 나왔다?

'귀걸이'는 イヤリング이야링구,
'반지'는 リング링구, '팔찌'는 ブレスレット부레스렌토라고 합니다.

---

저희는 그 비디오를 보지 않았습니다.

## 우리는 그 비디오를 봄 하지 않습니다 였습니다.

일본어에서 '우리'는 1인칭 대명사(나)에
복수형 표현을 뜻하는 たち타치나 ら라를 연결해서 만듭니다.

551

오-케스토라 데 체로 오 탄토오 시 마시타.

オーケストラで チェロを 担当 し ました。

552

쿠레짇토카-도 가 데빋토카-도 다 토 칸치가이 시타.

クレジットカードが デビットカード だ と 勘違い した。

553

아노 치-무 와 켇쇼오센 데 마케타.

あの チームは 決勝戦で 負けた。

554

키미 모 소노 미세 데 아루바이토 시타?

君も その 店で アルバイト した?

555

코-토 오 도라이쿠리-닝구 니 다스 / 코토 오 와스레타.

コートを ドライクリーニングに 出す / ことを 忘れた。

오케스트라에서 첼로를 담당했습니다.

## 오케스트라 에서 첼로 를 담당 함 했습니다.

오케스트라는 바이올린(バイオリン바이오링), 플루트(フルート후루-토),
실로폰(シロホン시로홍) 등 다양한 악기로 구성돼 있습니다.

---

신용카드가 직불카드라고 착각했다.

## 신용카드 가 직불카드 다 라고 착각 했다.

'돈'은 お金오카네, '현금'은 現金겡킹,
'지폐'는 紙幣시헤에, '동전'은 硬貨코오카 혹은 コイン코잉이라고 합니다.

---

저 팀은 결승전에서 졌다.

## 저 팀 은 결승전 에서 졌다.

일본에서는 중요한 시험이나 시합을 앞두고 돈가스(豚カツ통카츠)를 먹습니다.
'이기다(勝つ카츠)'와 발음이 비슷하기 때문입니다.

---

너도 그 가게에서 아르바이트했어?

## 너 도 그 가게 에서 아르바이트 했다?

일본은 지역별로 최저 시급이 다른데, 8500원~9000원 정도입니다.
2018년도에 전국 9000원으로 인상될 예정입니다.

---

코트를 드라이클리닝 하는 걸 깜빡했다.

## 코트 를 드라이클리닝 에 내다 / 일 을 잊었다.

코트(コート코-토)는
재킷(ジャケット자켓토)이나 정장(スーツ스-츠) 등으로 바꿔 쓸 수 있습니다.

556

소오사 노 쿄오료쿠 오 요오세에 시 마시타카?

捜査の 協力を 要請 し ましたか?

557

케에사츠 와 테레비 니 한닌 노 닉키 오 코오카이 시타.

警察は テレビに 犯人の 日記を 公開 した。

558

키노오 와 이모오토 노 탄죠오비 파-티- 오 시 마시타.

昨日は 妹の 誕生日 パーティーを し ました。

559

센슈타치 가 하지메 노 쿠캉 오 츠으카 시타.

選手たちが 初めの 区間を 通過 した。

560

코오죠오 노 킨죠 니 아루 / 큐우큐우샤 오 미타?

工場の 近所に ある / 救急車を 見た?

수사의 협력을 요청했습니까?

## 수사의 협력을 요청 함 했습니까?

일본어로 '추리'는 **推理**스이리, '탐정'은 **探偵**탄테에,
'범인'은 **犯人**한닝, '용의자'는 **容疑者**요오기샤라고 합니다.

---

경찰은 TV에 범인의 일기를 공개했다.

## 경찰은 TV에 범인의 일기를 공개 했다.

이 표현에서 일기(日記닉키)는
사진(写真샤싱)이나 이름(名前나마에) 등으로 바꿔 쓸 수 있습니다.

---

어제는 여동생의 생일 파티를 했습니다.

## 어제는 여동생의 생일 파티를 함 했습니다.

일본어로 '형제'는 **兄弟**쿄오다이, '자매'는 **姉妹**시마이라고 하는데,
'남매'라는 말은 따로 없고, 그냥 **兄弟**쿄오다이라고 합니다.

---

선수들이 첫 구간을 통과했다.

## 선수들이 처음의 구간을 통과 했다.

우리는 복수형 표현을 만들 때 '~들'을 붙입니다.
일본에서는 **たち**타치나 **ら**라를 붙입니다.

---

공장 근처에 있던 구급차 봤어?

## 공장의 근처에 있다 / 구급차를 봤다?

'경찰차'는 パトカー파토카-,
'구급차'는 **救急車**큐우큐우샤, '소방차'는 **消防車**쇼오보오샤라고 합니다.

# 숫자

일본어 숫자를 배울 때는 보통 기수와 서수 2가지를 배웁니다.
'기수'와 '서수'라는 단어가 낯설게 느껴질 수 있지만,
우리말에서도 종종 사용하는 개념이니 어려울 것은 없습니다.

먼저 기수란 '일, 이, 삼......'과 같은 기본적인 숫자를 말합니다.
그리고 서수는 '첫 번째, 두 번째, 세 번째......'와 같은 순서를 나타내는 말로
'하나, 둘, 셋'과 같은 개념입니다.
일본어의 서수는 1부터 10까지만 사용하는 것이 일반적입니다.

| | 1 | 2 | 3 | 4 | 5 | 6 | 7 | 8 | 9 | 10 |
|---|---|---|---|---|---|---|---|---|---|---|
| 기수 | いち 이치 | に 니 | さん 상 | し 시 | ご 고 | ろく 로쿠 | しち 시치 | はち 하치 | きゅう 큐우 | じゅう 쥬우 |
| 서수 | ひとつ 히토츠 | ふたつ 후타츠 | みっつ 밋츠 | よっつ 욧츠 | いつつ 이츠츠 | むっつ 뭇츠 | ななつ 나나츠 | やっつ 얏츠 | ここのつ 코코노츠 | とお 토오 |

## 알아보기 | 기수를 활용한 표현

앞에서 배운 숫자를 활용해 이번에는 사물의 개수를 세어보겠습니다.
個코는 '한 개, 두 개, 세 개'에서 개에 해당하는 표현입니다.

| 한 개 | 두 개 | 세 개 | 네 개 | 다섯 개 |
|---|---|---|---|---|
| いっこ<br>一個<br>익코 | にこ<br>二個<br>니코 | さんこ<br>三個<br>상코 | よんこ<br>四個<br>용코 | ごこ<br>五個<br>고코 |
| **여섯 개** | **일곱 개** | **여덟 개** | **아홉 개** | **열 개** |
| ろっこ<br>六個<br>록코 | ななこ<br>七個<br>나나코 | はっこ<br>八個<br>학코 | きゅうこ<br>九個<br>큐우코 | じゅっこ<br>十個<br>쥭코 |

## 알아보기 | 서수를 활용한 표현

사물의 개수를 셀 때 사용할 수 있는 표현이 한 가지 더 있습니다.
바로 '하나, 둘, 셋'과 같은 표현으로 우리가 "사과 한 개 주세요." 라는 말을 "사과 하나 주세요." 라는 말로 바꿔 쓸 수 있는 것과 같은 개념입니다.

| 하나 / 한 개 | 둘 / 두 개 | 셋 / 세 개 | 넷 / 네 개 | 다섯 / 다섯 개 |
|---|---|---|---|---|
| ひとつ<br>一つ<br>히토츠 | ふたつ<br>二つ<br>후타츠 | みっつ<br>三つ<br>밋츠 | よっつ<br>四つ<br>욧츠 | いつつ<br>五つ<br>이츠츠 |
| **여섯 / 여섯 개** | **일곱 / 일곱 개** | **여덟 / 여덟 개** | **아홉 / 아홉 개** | **열 / 열 개** |
| むっつ<br>六つ<br>뭇츠 | ななつ<br>七つ<br>나나츠 | やっつ<br>八つ<br>얏츠 | ここのつ<br>九つ<br>코코노츠 | とう<br>十<br>토오 |

つ 츠는 숫자 자체를 의미하며, 개라는 뜻도 있어서,
서수 표현을 그대로 사용해서 사물의 개수를 셀 수 있습니다.
이러한 서수 표현은 10까지만 사용하며, 11부터는 기수와 같습니다.

| 열한 개 | 열두 개 | 열세 개 | 열네 개 |
|---|---|---|---|
| じゅういっこ<br>十一個<br>쥬우익코 | じゅうにこ<br>十二個<br>쥬우니코 | じゅうさんこ<br>十三個<br>쥬우상코 | じゅうよんこ<br>十四個<br>쥬우용코 |

**주의**

숫자 4는 死(죽을 사)와 발음이 같아서, 건물의 4층을 'F층'으로 표기하는 경우가 종종 있죠. 일본어에서도 숫자 4를 し 시라고 읽으면, 死 시와 발음이 같기 때문에, し 시 대신 よん 용으로 읽는 경우가 많습니다.
숫자 7 역시 しち 시치라고 읽게 되면 '사지'를 뜻하는 死地 시치와 발음이 같아서, しち 시치 대신 なな 나나를 사용하기도 합니다.

# 달력 읽기

**2019 年 5 月**

にせんじゅうきゅう ねん ご がつ
니센쥬우큐우 넨 고 가츠

| 월요일 月曜日 げつようび 게츠요오비 | 화요일 火曜日 かようび 카요오비 | 수요일 水曜日 すいようび 스이요오비 | 목요일 木曜日 もくようび 모쿠요오비 | 금요일 金曜日 きんようび 킹요오비 | 토요일 土曜日 どようび 도요오비 | 일요일 日曜日 にちようび 니치요오비 |
|---|---|---|---|---|---|---|
| | | 1 초하루 ついたち 一日 츠이타치 | 2 ふつか 二日 후츠카 | 3 みっか 三日 믹카 | 4 よっか 四日 욕카 | 5 いつか 五日 이츠카 |
| 6 むいか 六日 무이카 | 7 なのか 七日 나노카 | 8 ようか 八日 요오카 | 9 ここのか 九日 코코노카 | 10 とおか 十日 토오카 | 11 じゅういちにち 十一日 쥬우이치니치 | 12 じゅうににち 十二日 쥬우니니치 |
| 13 じゅうさんにち 十三日 쥬우산니치 | 14 じゅうよっか 十四日 쥬우욕카 | 15 じゅうごにち 十五日 쥬우고니치 | 16 じゅうろくにち 十六日 쥬우로쿠니치 | 17 じゅうしちにち 十七日 쥬우시치니치 | 18 じゅうはちにち 十八日 쥬우하치니치 | 19 じゅうくにち 十九日 쥬우쿠니치 |
| 20 스무날 はつか 二十日 하츠카 | 21 にじゅういちにち 二十一日 니쥬우이치니치 | 22 にじゅうににち 二十二日 니쥬우니니치 | 23 にじゅうさんにち 二十三日 니쥬우산니치 | 24 にじゅうよっか 二十四日 니쥬우욕카 | 25 にじゅうごにち 二十五日 니쥬우고니치 | 26 にじゅうろくにち 二十六日 니쥬우로쿠니치 |
| 27 にじゅうしちにち 二十七日 니쥬우시치니치 | 28 にじゅうはちにち 二十八日 니쥬우하치니치 | 29 にじゅうくにち 二十九日 니쥬우쿠니치 | 30 さんじゅうにち 三十日 산쥬우니치 | 31 さんじゅういちにち 三十一日 산쥬우이치니치 | | |

파랑 은 보통의 숫자와 다릅니다. 2일부터 10일까지는 서수로 읽고, 나머지는 모두 기수로 읽습니다. 1일과 20일은 기수도 서수도 아닌 특수 표현이므로 주의해야 합니다. 4는 '용' 또는 '시' 지만 날짜에서는 모두 '욕카'로 고정되고, 9는 '큐우' 또는 '쿠' 지만 날짜에서는 모두 '쿠니치'로 고정됩니다.

# 12가지 주요 단위

### 番
방

순서·등급·횟수 등

| | | |
|---|---|---|
| 一番 | 이치방 | 한 번 |
| 二番 | 니방 | 두 번 |
| 三番 | 삼방 | 세 번 |

### 枚
마이

종이·손수건·셔츠·접시 등

| | | |
|---|---|---|
| 一枚 | 이치마이 | 한 장 |
| 二枚 | 니마이 | 두 장 |
| 三枚 | 삼마이 | 세 장 |

### 本
홍

연필·바나나·병 등

| | | |
|---|---|---|
| 一本 | 입퐁 | 한 자루 |
| 二本 | 니홍 | 두 자루 |
| 三本 | 산홍 | 세 자루 |

### 冊
사츠

책·노트·사전 등

| | | |
|---|---|---|
| 一冊 | 잇사츠 | 한 권 |
| 二冊 | 니사츠 | 두 권 |
| 三冊 | 산사츠 | 세 권 |

### 台
다이

탈 것·전자제품 등

| | | |
|---|---|---|
| 一台 | 이치다이 | 한 대 |
| 二台 | 니다이 | 두 대 |
| 三台 | 산다이 | 세 대 |

### 杯
하이

용기에 든 마실 것

| | | |
|---|---|---|
| 一杯 | 입파이 | 한 잔 |
| 二杯 | 니하이 | 두 잔 |
| 三杯 | 산하이 | 세 잔 |

### 匹
히키

동물·곤충

| | | |
|---|---|---|
| 一匹 | 입피키 | 한 마리 |
| 二匹 | 니히키 | 두 마리 |
| 三匹 | 산히키 | 세 마리 |

### 階
카이

건물의 층

| | | |
|---|---|---|
| 一階 | 익카이 | 일 층 |
| 二階 | 니카이 | 이 층 |
| 三階 | 상가이 | 삼 층 |

### 回
카이

횟수

| | | |
|---|---|---|
| 一回 | 익카이 | 일 회 |
| 二回 | 니카이 | 이 회 |
| 三回 | 상카이 | 삼 회 |

### 歳
사이

나이

| | | |
|---|---|---|
| 一歳 | 잇사이 | 한 살 |
| 二歳 | 니사이 | 두 살 |
| 三歳 | 산사이 | 세 살 |

### 人
닝

사람

| | | |
|---|---|---|
| 一人 | 히토리 | 한 명 |
| 二人 | 후타리 | 두 명 |
| 三人 | 산닝 | 세 명 |

### 時間
지캉

시간

| | | |
|---|---|---|
| 一時間 | 이치지캉 | 한 시간 |
| 二時間 | 니지캉 | 두 시간 |
| 三時間 | 산지캉 | 세 시간 |

一 이치 는 뒤에 오는 글자의 발음에 따라 읽는 방법이 다양합니다. 사람( 人 닝 )의 수를 셀 때, 한 명은 一人 히토리 , 두 명은 二人 후타리 라고 읽는 것이 대부분입니다. 세 명 이상부터는 기수를 사용하는데, 세 명은 三人 산닝 , 네 명은 四人 요닝 이라고 합니다.

561

인타이 시테 카라 지분 노 지교오 오 하지메타.

引退 して から 自分 の 事業 を 始めた。

562

쥬교오 가 오왇타 / 아토 노 쿄오시츠 니와 다레 모 이나칻타.

授業 が 終わった / 後 の 教室 には 誰 も いなかった。

563

도코 데 홧숀 노 벵쿄오 오 시 마시타카?

どこ で ファッション の 勉強 を し ましたか?

564

타이후우 노 세에 데 오오쿠 노 남밍 가 핫세에 시 마시타.

台風 の せいで 多く の 難民 が 発生 し ました。

565

죠오시 와 와타시 니 시료오 쵸오사 오 시지 시타.

上司 は 私 に 資料 調査 を 指示 した。

은퇴하고 나서 자신의 사업을 시작했다.

## 은퇴 하고 나서 자신의 사업을 시작했다.

から카라는 원래 '~부터'라는 뜻입니다.
그러나, 동사의 て테형 + から카라는 '~하고 나서'라는 표현으로 쓰입니다.

수업이 끝난 교실에는 아무도 없었다.

## 수업이 끝났다 / 후의 교실에는 누구도 없었다.

교실(教室코오시츠)은
학교(学校각코오)나 운동장(運動場운도오죠오) 등으로 바꿔 쓸 수 있습니다.

어디에서 패션 공부를 했습니까?

## 어디에서 패션의 공부를 함 했습니까?

우리말 '공부'를 한자로는 工夫라고 쓰는데,
일본어의 工夫쿠후우는 '궁리', '연구'라는 뜻입니다.

태풍 때문에 많은 난민이 발생했습니다.

## 태풍의 탓으로 많음의 난민이 발생 함 했습니다.

우리말에서 '때문에'와 '덕분에'를 구분하듯이,
일본어에서도 せいで세에데(때문에)와 おかげで오카게데(덕분에)를 구분해서 사용합니다.

상사는 나에게 자료 조사를 지시했다.

## 상사는 나에게 자료 조사를 지시 했다.

'사장'은 社長샤쵸오, '부장'은 部長부쵸오, '과장'은 課長카쵸오, '부하'는 部下부카라고 합니다.

566

샤오쿠 노 카베 카라 아스베스토 가 데 마시타카?

社屋の 壁から アスベストが 出 ましたか?

567

쟈무 노 레시피 오 다이아리- 니 메모 시타.

ジャムの レシピを ダイアリーに メモ した。

568

각세에타치 와 세에몬 노 마에 니 아츠맏타.

学生たちは 正門の 前に 集まった。

569

란치 타이무 니와 멧세-지 오 오쿠리 마셍.

ランチ タイムには メッセージを 送り ません。

570

토이레 노 타이루 모 소오지 시타.

トイレの タイルも 掃除 した。

사옥의 벽에서 석면이 나왔습니까?

## 사옥의 벽에서 석면이 나옴 했습니까?

'천장'은 **天井**텐죠오, '지붕'은 **屋根**야네, '기둥'은 **柱**하시라, '마루'는 **床**유카라고 합니다.

잼의 요리법을 수첩에 메모했다.

## 잼의 요리법을 다이어리에 메모 했다.

이 표현에서 잼(ジャム쟈무)은
쿠키(クッキー쿡키-)나 케이크(ケーキ케-키) 등으로 바꿔 쓸 수 있습니다.

학생들은 정문 앞에 모였다.

## 학생들은 정문의 앞에 모였다.

일본어로 '학생'은 **学生**각세에 혹은 **生徒**세에토라고 합니다.
**学生**각세에는 대학생, **生徒**세에토는 초, 중, 고등학생이라는 뉘앙스가 있습니다.

점심시간에는 메시지를 보내지 않습니다.

## 점심 시간에는 메시지를 보냄 하지 않습니다.

ランチ タイム란치 타이무는 lunch time이라는 외래어입니다.
같은 의미의 일본어로는 **昼休み** 히루야스미라는 표현이 있습니다.

화장실 타일도 청소했다.

## 화장실의 타일도 청소 했다.

일본어로 '화장실'은 **トイレ** 토이레 혹은 **お手洗い** 오테아라이라고 합니다.

571

죠유우 노 탄도쿠 인타뷰- 오 사츠에에 시 마시타.

女優の 単独 インタビューを 撮影 し ました。

572

아나타 가 와이샤츠 오 센탁 시 마시타카?

あなたが ワイシャツを 洗濯 し ましたか?

573

진세에 사이다이 노 챤스 가 키타 토 오모이 마시타.

人生 最大の チャンスが 来たと 思い ました。

574

아노 치-무 니 스키나 센슈 가 이마스카?

あの チームに 好きな 選手が いますか?

575

토오쿄오타와- 노 마에 데 키넨힝 오 캇타.

東京タワーの 前で 記念品を 買った。

배우 단독 인터뷰를 촬영했습니다.

## 여자 배우의 단독 인터뷰를 촬영 함 했습니다.

우리는 성별과 관계없이 '배우'라고 합니다.
하지만 일본에서는 남자 배우(俳優하이유우)와 여자 배우(女優죠유우)를 구분합니다.

당신이 와이셔츠를 세탁했습니까?

## 당신이 와이셔츠를 세탁 함 했습니까?

와이셔츠(ワイシャツ와이샤츠)는
티셔츠(ティーシャツ티-샤츠)나 블라우스(ブラウス부라우스) 등으로 바꿔 쓸 수 있습니다.

인생 최대의 기회가 왔다고 생각했습니다.

## 인생 최대의 기회가 왔다 라고 생각 했습니다.

来る쿠루(오다)는 응용에 따라 어간까지 변하는 '변격 동사'입니다.
이 표현에서는 く쿠가 き키로 변했습니다.

저 팀에 좋아하는 선수가 있습니까?

## 저 팀에 좋아하는 선수가 있습니까?

우리말 '좋아하다'의 품사는 '동사'입니다.
하지만 일본어의 '좋아하다(好きだ스키다)'는 な나형용사입니다.

도쿄 타워 앞에서 기념품을 샀다.

## 도쿄 타워의 앞에서 기념품을 샀다.

예전에는 도쿄타워가 일본을 상징하는 건물이었지만,
최근에 도쿄타워보다 더 높은 스카이트리가 완성돼서 새로운 관광지로 주목받고 있습니다.

576

소노 다이아몬도와 다레니 우리 마시타카?

その ダイアモンドは 誰に 売り ましたか?

577

마즈, 베스토세라-노 카테고리오 쿠릭쿠 시마스.

まず、ベストセラ-の カテゴリを クリック し ます。

578

스키나 케쇼오힘 부란도가 아리마스카?

好きな 化粧品 ブランドが あり ますか?

579

소노 상구라스와 데파-토데 카이마시타카?

その サングラスは デパ-トで 買い ましたか?

580

진세에와 센타쿠노 렌조쿠다 토 오모이마스.

人生は 選択の 連続 だ と 思い ます。

그 다이아몬드는 누구에게 팔았습니까?

그 다이아몬드는 누구에게 팖 했습니까?

다이아몬드(ダイアモンド 다이아몬도)는
사파이어(サファイア 사화이아)나 에메랄드(エメラルド 에메라루도) 등으로 바꿔 쓸 수 있습니다.

먼저, 베스트셀러 카테고리를 클릭합니다.

먼저, 베스트셀러의 카테고리를 클릭 함 합니다.

まず 마즈는 '먼저', '우선'이라는 뜻입니다.
비슷하게 생긴 단어로 まずい 마즈이가 있는데, まずい 마즈이는 '맛이 없다'라는 뜻입니다.

좋아하는 화장품 브랜드 있습니까?

좋아하는 화장품 브랜드가 있음 합니까?

な 나 형용사는 명사를 수식할 때 '~な 나 + 명사'의 형태를 취하기 때문에
な 나 형용사라고 합니다.

그 선글라스는 백화점에서 샀습니까?

그 선글라스는 백화점에서 삼 했습니까?

일본의 대표적인 백화점으로는
이세탄(伊勢丹), 오다큐(小田急), 타카시마야(高島屋) 등이 있습니다.

인생은 선택의 연속이라고 생각합니다.

인생은 선택의 연속이다 라고 생각 합니다.

思う 오모우는 막연하게 생각하는 것이나 느낌을 나타낼 때 주로 사용하는 '생각하다'입니다.

581

카레 가 복시 닫타 토 키이테 혼토오 니 오도로이타.

彼が 牧師 だった と 聞いて 本当に 驚いた。

582

직켄 도오구 와 직켄 노 토키 츠카이 마스.

実験 道具は 実験の 時 使い ます。

583

아소코 노 이에 와 치이사이 토 키키 마시타.

あそこの 家は 小さいと 聞き ました。

584

사이반 노 켁카 와 미 마시타카?

裁判の 結果は 見 ましたか?

585

첵쿠인 시 나가라 모-닝구코-루 오 타논다.

チェックイン し ながら モーニングコールを 頼んだ。

그가 목사였다고 들어서 정말로 놀랐다.

## 그가 목사였다라고 들어서 정말에 놀랐다.

우리나라와 달리 일본인은 종교 관념이 약합니다.
태어나면 신도(일본의 전통 종교)식, 결혼식은 교회에서, 장례식은 불교식으로 치르는 게 흔합니다.

---

실험 도구는 실험 때 사용합니다.

## 실험 도구는 실험의 때 사용합니다.

실험(実験직켄)은
연구(研究켄큐우)나 테스트(テスト테스토) 등으로 바꿔 쓸 수 있습니다.

---

저쪽 집은 작다고 들었습니다.

## 저쪽의 집은 작다라고 들음했습니다.

방향을 나타내는 대명사는 ここ 코코(여기), そこ 소코(거기), どこ 도코(어디)등이 있는데,
'저기'는 あそこ 아소코라고 합니다.

---

재판 결과는 봤습니까?

## 재판의 결과는 봄했습니까?

재판(裁判사이방)은
시험(試験시켄)이나 콩쿠르(コンクール콩쿠-루) 등으로 바꿔 쓸 수 있습니다.

---

체크인하면서 모닝콜을 부탁했다.

## 체크인 함하면서 모닝콜을 부탁했다.

우리나라에서 여관이라고 하면 그렇게 고급스러운 느낌이 아니지만,
일본의 **旅館**료칸은 고급스러운 전통 여관을 뜻합니다.

586

소노 효오카 와 무이미 다 토 오모와 나이?

その 評価は 無意味 だ と 思わ ない?

587

카레 니와 삭쿄쿠 노 사이노오 가 아루.

彼には 作曲の 才能が ある。

588

스토-카- 노 몬다이 데 케에사츠쇼 니 잇타.

ストーカーの 問題で 警察署に 行った。

589

코오사텐 데 쿠락숑 오 나라시 마시타.

交差点で クラクションを 鳴らし ました。

590

보쿠 노 스-푸 니와 야사이 오 이레 나캇타.

僕の スープには 野菜を 入れ なかった。

그 평가는 무의미하다고 생각하지 않아?

## 그 평가는 무의미 다 라고 생각하지 않다?

평가(評価효오카)는
점수(点数텐스으)나 기록(記録키로쿠) 등으로 바꿔 쓸 수 있습니다.

그에게는 작곡의 재능이 있다.

## 그에게는 작곡의 재능이 있다.

일본에는 **神童も二十過ぎればただの人**신도오 모 하타치 스기레바 타다 노 히토
(신동도 20살 넘으면 평범한 사람)라는 속담이 있습니다.

스토커 문제로 경찰서에 갔다.

## 스토커의 문제로 경찰서에 갔다.

스토커(ストーカー스토-카-)는
절도(窃盗 셋토오)나 강도(強盗코오토오) 등으로 바꿔 쓸 수 있습니다.

교차로에서 클랙슨을 울렸습니다.

## 교차로에서 클랙슨을 울림 했습니다.

**鳴らす**나라스는 '소리를 내다', '울리다'라는 의미입니다.
비슷한 말로 **鳴る**나루(울리다, 소리가 나다)가 있습니다.

내 수프에는 채소를 넣지 않았다.

## 나의 수프에는 채소를 넣음 않았다.

일본어로 '요리'는 **料理**료오리, '식사'는 **食事**쇼쿠지,
'밥'은 **ご飯**고항, '고기'는 **肉**니쿠라고 합니다.

591

카노죠 와 킨조쿠 아레루기- 가 아루.

彼女は 金属 アレルギーが ある。

592

토오부 칸센도오로 노 인타-첸지 데 아우.

東部 幹線道路の インターチェンジで 会う。

593

밍요오 오 우타이 나가라 사케 오 논다.

民謡を 歌い ながら 酒を 飲んだ。

594

와타시 와 소노 네당 가 타카이 토 오모이 마스.

私は その 値段が 高いと 思い ます。

595

군진 토 잇쇼 니 방카- 노 나카 데 탕쿠 오 맏타.

軍人と 一緒に バンカーの 中で タンクを 待った。

그녀는 금속 알레르기가 있다.

## 그녀는 금속 알레르기가 있다.

금속(金属킨조쿠)은 복숭아(桃모모)나 게(カニ카니) 등으로 바꿔 쓸 수 있습니다.
꽃가루 알레르기는 **花粉症**카훈쇼오라고 합니다.

동부간선도로의 나들목에서 만나다.

## 동부 간선도로의 나들목에서 만나다.

'고속도로'는 **高速道路**코오소쿠도오로, '휴게소'는 サービスエリア사-비스에리아,
'국도'는 **国道**코쿠도오라고 합니다.

민요를 부르면서 술을 마셨다.

## 민요를 부름 하면서 술을 마셨다.

일본주(日本酒니혼슈)를 흔히 **酒**사케라고 부릅니다.
'맥주'는 ビール비-루, '소주'는 **焼酎**쇼오츄우라고 합니다.

저는 그 가격이 비싸다고 생각합니다.

## 나는 그 값이 높다 라고 생각 합니다.

**高い**타카이는 원래 '높다'라는 뜻의 **い**이형용사인데,
'비싸다', '(키가) 크다'라는 뜻으로도 사용합니다.

군인과 함께 벙커 안에서 탱크를 기다렸다.

## 군인과 함께에 벙커의 안에서 탱크를 기다렸다.

일본은 '평화 헌법'에 의해 군대를 가질 수 없습니다.
그래서 '군대'라는 말을 쓰지 않고, '자위대(自衛隊지에에타이)'라고 합니다.

596

산 지 니 화미리-레스토랑 오 요약 시 마시타.

3時に ファミリーレストランを 予約 し ました。

597

카노죠 오 가레-지 노 마에 데 픽쿠압푸 시타.

彼女を ガレージの 前で ピックアップ した。

598

아시타 노 스케쥬-루 오 캰세루 시 마스.

明日の スケジュールを キャンセル し ます。

599

키미 와 사우나 니 읻타 / 코토 아루?

君は サウナに 行った / こと ある?

600

쿄오 와 운도오카이 노 렌슈우 오 시 마스카?

今日は 運動会の 練習を し ますか?

3시에 패밀리 레스토랑을 예약했습니다.

## 3 시에 패밀리 레스토랑을 예약 함 했습니다.

일본은 우리나라보다 패밀리레스토랑이 보편화해 있습니다.
패밀리 레스토랑은 ファミレス화미레스라고 줄여서 부릅니다.

---

그녀를 차고 앞에서 픽업했다.

## 그녀를 차고의 앞에서 픽업 했다.

앞(前마에)을
뒤(後ろ우시로)나 근처(近く치카쿠)로 바꿔 쓸 수도 있습니다.

---

내일 스케줄을 취소합니다.

## 내일의 스케줄을 취소 함 합니다.

내일(明日)은 あした아시타 혹은 あす아스라고 합니다.
일상 회화에서는 보통 あした아시타를 사용합니다.

---

넌 사우나에 간 적 있어?

## 너는 사우나에 갔다 / 일 있다?

사우나(サウナ사우나)는
온천(温泉온셍)이나 찜질방(チムジルバン치무지루방) 등으로 바꿔 쓸 수 있습니다.

---

오늘은 운동회 연습을 합니까?

## 오늘은 운동회의 연습을 함 합니까?

'오늘'은 今日쿄오,
'내일'은 明日아시타, '모레'는 明後日아삳테라고 합니다.

601

파소콩 오 시 나가라 메-루 오 첵쿠 시타.

パソコンを し ながら メールを チェック した。

602

에치켄토 오 마모라 나이 토 시카라레 마스.

エチケットを 守ら ないと 叱られ ます。

603

큐우료오 가 아가루 / 유메 오 미 마시타.

給料が 上がる / 夢を 見 ました。

604

와타시 와 캉코-히- 토 료쿠챠 오 에란다.

私は 缶コーヒーと 緑茶を 選んだ。

605

코오소쿠도오로 데와 시-토베루토 오 시메 마스.

高速道路では シートベルトを 締め ます。

컴퓨터를 하면서 메일을 확인했다.

## 컴퓨터를 함 하면서 메일을 체크 했다.

메일(メール메-루)은
뉴스(ニュース뉴-스)나 메신저(メッセンジャー멧센쟈-) 등으로 바꿔 쓸 수 있습니다.

---

예의를 지키지 않으면 혼납니다.

## 예의를 지키지 않다 라면 혼남 합니다.

守る마모루는 '지키다', '보호하다'라는 뜻입니다.
'어기지 않다'라는 뉘앙스가 있어서 시간이나 약속을 지킨다는 표현에도 사용합니다.

---

급료가 오르는 꿈을 꿨습니다.

## 급료가 오르다 / 꿈을 봄 했습니다.

우리는 '꿈을 꾸다'라는 표현을 사용합니다.
하지만 일본에서는 '보다(見る미루)'를 써서 '꿈을 보다(夢を 見る유메 오 미루)'라고 합니다.

---

나는 캔커피와 녹차를 골랐다.

## 나는 캔커피와 녹차를 골랐다.

일본은 길거리에 음료수 자판기가 많은데, 비상 상황에 비상 식품 공급을 위해서입니다.
일본은 지진이 잦아서 이런 재해 대책이 많이 마련돼 있습니다.

---

고속도로에서는 안전띠를 맵니다.

## 고속도로에서는 안전띠를 맴 합니다.

'안전띠'는 シートベルト시-토베루토, '카시트'는 カーシート카-시-토,
'네비게이션'은 ナビゲーション나비게-숀이라고 합니다.

606

프로제쿠토 가 세에코오 시테 와타시 모 쇼오신 시타.

プロジェクトが 成功 して 私も 昇進 した。

607

콘도 노 캼페-엥 와 요산 니 요유우 가 아리 마스.

今度の キャンペーンは 予算に 余裕が あり ます。

608

탄죠오비 파-티- 노 메잉 와 케-키 다 토 오모이 마스.

誕生日 パーティーの メインは ケーキ だ と 思い ます。

609

에키 마에 노 이벤토 니 각세에타치 가 탁상 아츠맏타.

駅 前の イベントに 学生たちが たくさん 集まった。

610

규우니쿠 토 피-망 오 이타메 마스.

牛肉と ピーマンを 炒め ます。

프로젝트가 성공해서 나도 승진했다.

## 프로젝트가 성공해서 나도 승진했다.

する스루는 명사에 연결해서 '명사 하다'라는 표현을 만들 수 있습니다.
이 표현에서는 성공(成功세에코오), 승진(昇進쇼오싱)과 함께 쓰였습니다.

---

이번 캠페인은 예산에 여유가 있습니다.

## 이번의 캠페인은 예산에 여유가 있음 합니다.

일본어 今度콘도는 '이번'이라는 뜻이지만, '다음번'이라는 뜻도 있습니다.
また今度마타콘도라고 하면, '다음에 또'라는 뜻입니다.

---

생일 파티의 메인은 케이크라고 생각합니다.

## 생일 파티의 메인은 케이크다 라고 생각 합니다.

일본어는 단어의 앞에 お오나 ご고를 붙여서 공손한 표현으로 만들 수 있습니다.
생일(誕生日탄죠오비)은 お誕生日오탄죠오비라고 합니다.

---

역 앞 이벤트에 학생들이 많이 모였다.

## 역 앞의 이벤트에 학생들이 많음 모였다.

이 표현에서 학생(学生각세에)은
아이(子供코도모)나 아줌마(おばさん오바상) 등으로 바꿔 쓸 수 있습니다.

---

소고기와 피망을 볶습니다.

## 소고기와 피망을 볶음 합니다.

우리나라 전통 양식에 '한(韓)'이 붙듯이, 일본 전통 양식에는 和와가 붙습니다.
대표적인 예로, 일본 소고기를 和牛와규우라고 합니다.

611

에에교오부노 캅푸루가 와카레테 카라 훙이키가 헨니 낟타.

営業部の カップルが 別れて から 雰囲気が 変に なった。

612

치즈오 미 나가라 이치오 카쿠닌 스루.

地図を 見 ながら 位置を 確認 する。

613

케에카쿠노 세에코오노 타메니 즏토 렌슈우 시타.

計画の 成功の ために ずっと 練習 した。

614

센슈우와 카이텐 스시야니 이키 마시타.

先週は 回転 寿司屋に 行き ました。

615

츄우각세에가 히가이샤오 모쿠게키 시타 토 이와 나캍타?

中学生が 被害者を 目撃 した と 言わ なかった?

영업부 커플이 헤어지고 나서 분위기가 이상해졌다.

## 영업부의 커플이 헤어지고 나서 분위기가 이상함에 됐다.

우리는 흔히 '애인'이라고 하는데, 일본에서 애인(愛人 아이징)은 '정부'나 '불륜 상대'라는 뜻입니다. 보통은 恋人 코이비토라고 합니다.

---

지도를 보면서 위치를 확인하다.

## 지도를 봄 하면서 위치를 확인 하다.

위치(位置 이치)는 방향(方向 호오코오)이나 목적지(行く先 육사키) 등으로 바꿔 쓸 수 있습니다.

---

계획의 성공을 위해서 계속 연습했다.

## 계획의 성공의 위해서 계속 연습 했다.

우리는 '운동신경이 좋다'라는 표현을 쓰지만, 일본에서는 '운동능력이 높다(運動能力 が 高い 운도오노오료쿠 가 타카이)'라고 합니다.

---

지난주는 회전 초밥집에 갔습니다.

## 지난주는 회전 초밥집에 감 했습니다.

일본의 전통 음식으로는 초밥(寿司 스시), 낫토(納豆 낟토오), 메밀국수(そば 소바) 등이 있습니다.

---

중학생이 피해자를 목격했다고 하지 않았어?

## 중학생이 피해자를 목격 했다 라고 말하지 않았다?

'초등학생'은 **小学生** 쇼오각세에, '고등학생'은 **高校生** 코오코오세에, '대학생'은 **大学生** 다이각세에라고 합니다.

616

고젠니 뎅와데 료캉오 요약 시타.

午前に 電話で 旅館を 予約 した。

617

와타시와 카레니 미렝오 노코사 나캇타.

私は 彼に 未練を 残さ なかった。

618

토모다치토노 메키시코노 료코오오 케에칵 스루.

友達との メキシコの 旅行を 計画 する。

619

와타시라와 카노죠노 캉유우 도오리니 키콕 시 마시타.

私らは 彼女の 勧誘 通りに 帰国 し ました。

620

코노 도라마와 아이도루가 슈츠엔 시테
유우메에니 나리 마시타.

この ドラマは アイドルが 出演 して 有名に なり ました。

오전에 전화로 여관을 예약했다.

오전 에 전화 로 여관 을 예약 했다.

'오후'는 午後고고,
'아침'은 朝아사, '낮'은 昼히루, '밤'은 夜요루라고 합니다.

나는 그에게 미련을 남기지 않았다.

나 는 그 에게 미련 을 남기지 않았다.

미련(未練미렝)은
연락처(連絡先렌락사키)나 메모(メモ메모) 등으로 바꿔 쓸 수 있습니다.

친구와의 멕시코 여행을 계획하다.

친구 와의 멕시코 의 여행 을 계획 하다.

멕시코(メキシコ메키시코)는
터키(トルコ토루코)나 그리스(ギリシア기리시아) 등으로 바꿔 쓸 수 있습니다.

저희는 그녀의 권유대로 귀국했습니다.

우리 는 그녀 의 권유 대로 에 귀국 함 했습니다.

通り 토오리는 원래 '큰길', '대로'라는 뜻입니다.
하지만 명사나 동사의 뒤에 붙으면 '~한대로'라는 뜻으로 사용됩니다.

이 드라마는 아이돌이 출연해서 유명해졌습니다.

이 드라마 는 아이돌 이 출연 해서 유명 에 됨 했습니다.

'영화'는 映画에에가, '만화영화'는 アニメーション아니메-숑,
'다큐멘터리'는 ドキュメンタリー도큐멘타리-라고 합니다.

621

료코오 오 케에칵 시타 토 이이 마센 데시타카?

旅行を 計画 したと 言い ません でしたか?

622

나제 하쿠부츠칸 데 소오도오 오 오코시 마시타카?

何故 博物館で 騒動を 起こし ましたか?

623

와타시 와 도노 보탕 가 푸레에 보탕 카 시리 마셍.

私は どの ボタンが プレイ ボタンか 知り ません。

624

네코 토 맡토레스 노 우에 데 아소비 마시타.

猫と マットレスの 上で 遊び ました。

625

복쿠스 니 보쿠 노 아루바무 가 하읻테 나칻타?

ボックスに 僕の アルバムが 入って なかった?

여행을 계획했다고 하지 않았습니까?

## 여행을 계획 했다 라고 말함 하지 않습니다 였습니까?

여행(旅行료코오)은
진학(進学싱가쿠)이나 이민(移民이밍) 등으로 바꿔 쓸 수 있습니다.

---

왜 박물관에서 소동을 일으켰습니까?

## 왜 박물관에서 소동을 일으킴 했습니까?

'도서관'은 **図書館**토쇼캉, '교실'은 **教室**쿄오시츠, '복도'는 **廊下**로오카라고 합니다.

---

저는 어느 버튼이 플레이 버튼인지 모릅니다.

## 나는 어느 버튼이 플레이 버튼 인지 앎 하지 않습니다.

일본어에는 '모른다'라는 표현이 없습니다.
그래서 '알다'의 부정표현(알지 않다)을 '모른다'로 사용합니다.

---

고양이랑 매트리스 위에서 놀았습니다.

## 고양이와 매트리스의 위에서 놀음 했습니다.

일본에서도 반려동물을 많이 기르는데, 우리나라와 마찬가지로
개(犬이누), 고양이(猫네코), 햄스터(ハムスター하무스타-) 등이 흔합니다.

---

상자에 내 앨범이 들어있지 않았어?

## 상자에 나의 앨범이 들어 않았다?

일본어로 '상자'를 **箱**하코라고 합니다.
'쓰레기통'도 이 **箱**하코(상자)를 사용해서 **ゴミ箱**고미바코라고 합니다.

626

카노죠 노 쇼오타이 와 코토와리 마시타.

彼女の 招待は 断り ました。

627

킨죠 노 코오소쿠도오로 데 지코 가 오콛타.

近所の 高速道路で 事故が 起こった。

628

키코오 노 헹카 데 코오스이료오 가 스쿠나쿠 나리 마시타.

気候の 変化で 降水量が 少なく なり ました。

629

와타시 와 스페엔진 토 펨파루 시타 / 코토 가 아리 마스.

私は スペイン人と ペンパル した / ことが あり ます。

630

아츠쿠테 콤비니 데 쥬-스 오 칻타.

暑いくて コンビニで ジュースを 買った。

그녀의 초대는 거절했습니다.

## 그녀 의 초대 는 거절 했습니다.

일본인은 완곡하게 돌려 말하기 때문에, 초대나 권유를 거절할 때도 '아니오' 보다는 '다음에 또(また今度마타콘도)'라는 표현을 흔히 씁니다.

근처의 고속도로에서 사고가 났다.

## 근처 의 고속도로 에서 사고 가 일어났다.

**近所**킨죠(근처)와 비슷한 표현으로는
**近く** 치카쿠(가까운 곳, 근처)나 **周り** 마와리(주변), **隣**토나리(이웃) 등이 있습니다.

기후 변화로 강수량이 줄어들었습니다.

## 기후 의 변화 로 강수량 이 적게 됨 했습니다.

'태풍'은 **台風**타이후우, '허리케인'은 ハリケーン하리케-엥, '장마'는 **梅雨**츠유라고 합니다.

저는 스페인인과 펜팔 한 적 있습니다.

## 나 는 스페인인 과 펜팔 했다 / 일 이 있음 합니다.

스페인(スペイン스페엥)은
이탈리아(イタリア이타리아)나 독일(ドイツ도이츠) 등으로 바꿔 쓸 수 있습니다.

더워서 편의점에서 주스를 샀다.

## 더워서 편의점 에서 주스 를 샀다.

일본어에는 동음이의어가 많습니다.
**暑い**(덥다), **熱い**(뜨겁다), **厚い**(두껍다)를 모두 あつい아츠이라고 합니다.

631

카노죠 와 로시아 데 츠토메 마시타.

彼女は ロシアで 勤め ました。

632

카레 와 속쿠 데 싯신 시테 시맏타.

彼は ショックで 失神 して しまった。

633

카노죠 가 슈츠엔 시타 / 도라마 가 힏토 시 마시타.

彼女が 出演 した / ドラマが ヒット し ました。

634

와타시 와 아노 키-보-도 토 마우스 오 카와 나칻타.

私は あの キーボードと マウスを 買わ なかった。

635

푸로화이라- 와 돈나 시고토 오 시 마스카?

プロファイラーは どんな 仕事を し ますか?

그녀는 러시아에서 근무했습니다.

그녀는 러시아에서 근무함 했습니다.

러시아(ロシア로시아)는
필리핀(フィリピン휘리핑)이나 싱가포르(シンガポール싱가포-루) 등으로 바꿔 쓸 수 있습니다.

그는 쇼크로 실신해버렸다.

그는 쇼크로 실신 해 버렸다.

쇼크(ショック쇽쿠)는
빈혈(貧血힝케츠)이나 현기증(めまい메마이) 등으로 바꿔 쓸 수 있습니다.

그녀가 출연한 드라마가 히트했습니다.

그녀가 출연 했다 / 드라마가 히트 함 했습니다.

일본에서는 '배우'를 성별에 따라
**俳優**하이유우(남자 배우)와 **女優**죠유우(여자 배우)로 구별해서 사용합니다.

나는 저 키보드와 마우스를 사지 않았다.

나는 저 키보드와 마우스를 사지 않았다.

일본에서는 컴퓨터(コンピューター콤퓨-타-)보다
PC(パソコン파소콩)라는 말을 더 흔히 사용합니다.

프로파일러는 어떤 일을 합니까?

프로파일러는 어떤 일을 함 합니까?

프로파일러(プロファイラー푸로화이라-)는
경찰(警察케에사츠)이나 의사(医者이샤) 등으로 바꿔 쓸 수 있습니다.

636

도이츠 에 류우각 스루 / 코토 니 켓신 시 마시타.

ドイツ へ 留学 する / こと に 決心 し ました。

637

타-미나루 데 아우 / 코토 니 시 마시타.

ターミナルで 会う / ことに し ました。

638

코노 테-마쿄쿠 와 아이도루 가 우탇타.

この テーマ曲は アイドルが 歌った。

639

오코노미야키 오 츄우몬 시타 / 키오쿠 와 아루?

お好み焼きを 注文 した / 記憶は ある?

640

키노오 와 타이토루 오 키메루 / 카이기 오 시 마시타.

昨日は タイトルを 決める / 会議を し ました。

독일로 유학 가기로 했습니다.

독일로 유학 하다 / 일에 결심 함 했습니다.

독일(ドイツ도이츠)은
프랑스(フランス후란스)나 벨기에(ベルギー베루기-) 등으로 바꿔 쓸 수 있습니다.

터미널에서 만나기로 했습니다.

터미널에서 만나다 / 일에 함 했습니다.

대중교통(公共交通機関코오쿄오코오츠으키캉)으로는
버스(バス바스)나 철도(鉄道테츠도오) 등이 있습니다.

이 주제곡은 아이돌이 불렀다.

이 주제곡은 아이돌이 불렀다.

아이돌(アイドル아이도루)은
성우(声優세에유우)나 가수(歌手카슈) 등으로 바꿔 쓸 수 있습니다.

오코노미야키를 주문한 기억은 나?

오코노미야키를 주문 했다 / 기억은 있다?

お好み焼き 오코노미야키는 우리나라의 빈대떡과 비슷한 일본의 전통 철판 요리입니다.
오사카가 제일 유명하며, 지역마다 재료가 조금씩 다릅니다.

어제는 타이틀을 정하는 회의를 했습니다.

어제는 타이틀을 정하다 / 회의를 함 했습니다.

타이틀(タイトル타이토루)은
스케줄(スケジュール스케쥬-루)이나 예산(予算요상) 등으로 바꿔 쓸 수 있습니다.

641

파-토타이무 데 앙케-토 스루 / 시고토 오 시 마시타.

パートタイムで アンケート する / 仕事を し ました。

642

카사 가 나쿠테 홍 오 비니-루 니 츠츤다 / 노?

傘が なくて 本を ビニールに 包んだ / の?

643

인테리아 노 코오지 가 오소쿠 오와리 마시타카?

インテリアの 工事が 遅く 終わり ましたか?

644

엔징 가 코와레테 엔지니아 오 욘다.

エンジンが 壊れて エンジニアを 呼んだ。

645

소노 심분샤 와 죠세에 잣시 모 학코오 스루.

その 新聞社は 女性 雑誌も 発行 する。

파트타임으로 앙케트 하는 일을 했었습니다.

## 파트타임으로 앙케트 하다 / 일을 함 했습니다.

우리는 '아르바이트'를 '알바'로 줄여 말합니다.
일본에서는 アルバイト아루바이토를 バイト바이토라고 줄여 말합니다.

우산이 없어서 책을 비닐에 싼 거야?

## 우산이 없어서 책을 비닐에 쌌다 / 것?

일본어로 '우산'은 傘카사, '레인부츠'는 雨靴아마구츠라고 하는데,
이런 우비를 통틀어 雨具아마구라고 부릅니다.

인테리어 공사가 늦게 끝났습니까?

## 인테리어의 공사가 늦게 끝 했습니까?

遅い오소이는 '늦다', '느리다'라는 뜻입니다.
반의어로는 早い하야이(이르다)와 速い하야이(빠르다)가 있습니다.

엔진이 망가져서 엔지니어를 불렀다.

## 엔진이 깨져서 엔지니어를 불렀다.

壊れる코와레루는 '깨지다', '부서지다', '망가지다'라는 뜻으로,
물건이나 약속, 분위기, 상황 등이 깨지거나 망가진다는 표현에 사용됩니다.

그 신문사는 여성 잡지도 발행한다.

## 그 신문사는 여성 잡지도 발행 하다.

'책'은 本홍, '잡지'는 雜誌잣시, '신문'은 新聞심붕,
'소설'은 小説쇼오세츠라고 합니다.

646

카노죠 와 돈나 쟈켇토 오 에라비 마시타카?

彼女は どんな ジャケットを 選び ましたか?

647

와타시 노 스키나 카슈 와 슈츠엔 시 마센 데시타.

私の 好きな 歌手は 出演 し ません でした。

648

카레 와 코오코오 노 토키 아루바이토 오 시 나칻타.

彼は 高校の 時 アルバイトを し なかった。

649

라이슈우, 키마츠 시켄 노 텐스으 오 코오카이 시 마스.

来週、期末 試験の 点数を 公開 し ます。

650

환 노 휘루타 모 소오지 시타?

ファンの フィルタも 掃除 した?

그녀는 어떤 재킷을 골랐습니까?

그녀는 어떤 재킷을 고름 했습니까?

옷 위에 걸치는 외투류로는
코트(コートコ-토)나 카디건(カーディガン카-디강), 잠바(ジャンパー쟘파-) 등이 있습니다.

제가 좋아하는 가수는 출연하지 않았습니다.

나의 좋아하는 가수는 출연 함 하지 않습니다 였습니다.

가수(歌手카슈)는
아이돌(アイドル아이도루)이나 여자 배우(女優죠유우) 등으로 바꿔 쓸 수 있습니다.

그는 고등학교 때 아르바이트를 하지 않았다.

그는 고등학교의 때 아르바이트를 함 않았다.

우리말 '학년(學年)'에 해당하는 일본어는 **年生**넨세에입니다.
1학년은 **一年生**이치넨세에, 2학년은 **二年生**니넨세에라고 합니다.

다음 주에 기말시험 점수를 공개합니다.

다음 주, 기말 시험의 점수를 공개 함 합니다.

'내일'은 **明日**아시타,
'다음 주'는 **来週**라이슈우, '다음 달'은 **来月**라이게츠, '내년'은 **来年**라이넹이라고 합니다.

송풍기의 필터도 청소했어?

팬의 필터도 청소 했다?

'청소'는 **掃除**소오지, '빨래'는 **洗濯**센타쿠,
'설거지'는 **皿洗い**사라아라이, '요리'는 **料理**료오리라고 합니다.

# 일본어와 우리말은 지나치게 비슷하다

-첫날부터 잘한다-

1 하다.

2 했다.

3 합니다.

4 했습니다.

5 하지 않다.

6 하지 않았다.

7 하지 않습니다.

8 하지 않았습니다.

# 앞으로 소개할 8문형 미리 보기

1 스 루.
す る。 하다.

2 시 타.
し た。 했다.

3 시 마스.
し ます。 합니다.

4 시 마시타.
し ました。 했습니다.

5 시 나이.
し ない。 하지 않다.

6 시 나캇타.
し なかった。 하지 않았다.

7 시 마셍.
し ません。 하지 않습니다.

8 시 마센 데시타.
し ません でした。 하지 않았습니다.

**Tip**

**스루** する 하다는 명사와 연결해서 '(명사)하다'라는 동사를 만들어 낼 수도 있습니다.

| 勉強<br>벵쿄오<br>공부 | + | する<br>스루<br>하다 | → | 勉強する<br>벵쿄오스루<br>공부하다 |
|---|---|---|---|---|
| 運動<br>운도오<br>운동 | + | する<br>스루<br>하다 | → | 運動する<br>운도오스루<br>운동하다 |

651

토레-닝구 오 스루 / 마에, 쥼비 운도오 오 시 마스.

トレーニングを する / 前、準備 運動を し ます。

652

마이아사, 카레 토 죠깅구 시 마스.

毎朝、彼と ジョギング し ます。

653

로비- 데 안나이 노 시고토 오 시 마스카?

ロビーで 案内の 仕事を し ますか?

654

카나다 노 다이가쿠 에노 싱가쿠 오 쥼비 시 마스.

カナダの 大学 への 進学を 準備 し ます。

655

카족 샤싱 오 톧테 가이쇽 시 마시타.

家族 写真を 撮って 外食 し ました。

트레이닝하기 전에 준비 운동을 합니다.

## 트레이닝을 하다 / 전, 준비 운동을 함 합니다.

前마에는 순서상의 '앞', 장소의 '앞', 시간적인 '앞'을 모두 표현할 수 있는 '앞'입니다.

매일 아침 그와 조깅합니다.

## 매일 아침, 그와 조깅 함 합니다.

조깅(ジョギング죠깅구)은 배드민턴(バドミントン바도민통)이나
스트레칭(ストレッチング스토렛칭구) 등으로 바꿔 쓸 수 있습니다.

로비에서 안내 일을 합니까?

## 로비에서 안내의 일을 함 합니까?

仕事시고토는 '업무', '직업'이라는 뉘앙스의 '일'입니다.
그래서 직업을 물어볼 때도 仕事시고토라는 표현을 씁니다.

캐나다 대학으로의 진학을 준비합니다.

## 캐나다의 대학으로의 진학을 준비 함 합니다.

캐나다(カナダ카나다)는
미국(アメリカ아메리카)이나 영국(イギリス이기리스) 등으로 바꿔 쓸 수 있습니다.

가족사진 찍고 외식했습니다.

## 가족 사진을 찍고 외식 함 했습니다.

'할아버지'는 お祖父さん오지이상, '할머니'는 お祖母さん오바아상,
'아버지'는 お父さん오토오상, '어머니'는 お母さん오카아상이라고 합니다.

656

닝키노 아루 / 쇼오죠 망가오 마에니 디스푸레– 스루.

人気の ある / 少女 漫画を 前に ディスプレー する。

657

녹쿠오 츄우고쿠고데와 난토 카키마스카?

ノックを 中国語では 何と 書き ますか?

658

와타시와 에스카레–타– 카라 오치 마시타.

私は エスカレーターから 落ち ました。

659

오레와 슈미데 샤게키오 시타 / 코토가 아루.

俺は 趣味で 射撃を した / ことが ある。

660

와타시와 콘사–토오 미니 이카 나칸타.

私は コンサートを 見に 行か なかった。

인기 있는 순정만화를 앞에 디스플레이하다.

## 인기의 있다 / 소녀 만화를 앞에 디스플레이 하다.

우리는 '순정만화'라고 하지만,
일본에서는 '소녀만화(少女漫画쇼오죠망가)'라고 합니다.

---

노크를 중국어로는 뭐라고 씁니까?

## 노크를 중국어로는 무엇이라고 씀 합니까?

일본어로 '한국어'는 韓国語캉코쿠고, '영어'는 英語에에고, '일본어'는 日本語니홍고라고 합니다.

---

저는 에스컬레이터에서 떨어졌습니다.

## 나는 에스컬레이터부터 떨어짐 했습니다.

에스컬레이터(エスカレーター에스카레-타-)는
계단(階段카이당)이나 지붕(屋根야네) 등으로 바꿔 쓸 수 있습니다.

---

나는 취미로 사격한 적이 있다.

## 나는 취미로 사격을 했다 / 일이 있다.

趣味슈미는 '취미'라는 뜻 외에 '취향'이나 '풍류'라는 의미도 있습니다.

---

나는 콘서트를 보러 가지 않았다.

## 나는 콘서트를 봄에 가지 않았다.

콘서트(コンサート콘사-토)는
영화(映画에에가)나 뮤지컬(ミュージカル뮤-지카루) 등으로 바꿔 쓸 수 있습니다.

661

아나운사- 니 나루 / 츠모리 와 아리 마센 데시타.

アナウンサーに なる / つもりは あり ません でした。

662

아노 히-루 와 도코 데 카이 마시타카?

あの ヒールは どこで 買い ましたか?

663

악세사리- 와 아마리 이리 마셍.

アクセサリー は あまり 要り ません。

664

돈나 호오호오 데 쵸오노오록샤 니 나리 마시타카?

どんな 方法で 超能力者に なり ましたか?

665



쿄오 와 키옹 가 타카쿠테 미니스카-토 오 하키 마시타.

今日は 気温が 高くて ミニスカートを 穿き ました。

아나운서가 될 생각은 없었습니다.

## 아나운서에 되다 / 생각은 있음 하지 않습니다 였습니다.

일본의 대학에서는 대학마다 미스 (대학) 선발전이 있는데,
그곳에서 미스 (대학)으로 뽑히면 대부분 아나운서가 됩니다.

저 힐은 어디에서 샀습니까?

## 저 힐은 어디에서 삼 했습니까?

힐(ヒール히-루)은
운동화(運動靴운도오구츠)나 샌들(サンダル산다루) 등으로 바꿔 쓸 수 있습니다.

액세서리는 그다지 필요 없습니다.

## 액세서리는 그다지 필요 하지 않습니다.

あまり 아마리는 원래 '나머지'라는 뜻이지만,
'あまり 아마리 + 부정표현'의 형태로 쓰일 땐 '그다지'라는 의미입니다.

어떤 방법으로 초능력자가 됐습니까?

## 어떤 방법으로 초능력자에 됨 했습니까?

우리말에서는 '~이(가) 되다'라고 하지만,
일본에서는 になる 니 나루(~에 되다)라는 표현을 씁니다.

오늘은 기온이 높아서 미니스커트를 입었습니다.

## 오늘은 기온이 높아서 미니스커트를 입음 했습니다.

우리는 옷의 종류와 관계없이 '입다'라고 합니다.
하지만 일본어는 상의나 한 벌 옷은 着る 키루, 하의는 穿く 하쿠라고 합니다.

666

푸로 노 야큐우 센슈 오 미타 / 코토 가 아루.

プロの 野球 選手を 見た / ことが ある。

667

토모다치 가 카노죠 니 푸로포-즈 스루 / 코토 오 타스케루.

友達が 彼女に プロポーズ する / ことを 助ける。

668

츄우카료오리텐 데 아루바이토 시타 / 코토 가 아리 마셍.

中華料理店で アルバイト した / ことが あり ません。

669

이시츠부츠 센타- 니 아오이 / 카방 가 아리 마스카?

遺失物 センターに 青い / カバンが あり ますか?

670

칸탄나 코토 와 메모 오 노코시 마시타.

簡単な ことは メモを 残し ました。

프로 야구 선수를 본 적이 있다.

## 프로의 야구 선수를 봤다 / 일이 있다.

야구(野球야큐우)는 배구(バレーボール바레-보-루)나
농구(バスケットボール바스켇토보-루) 등으로 바꿔 쓸 수 있습니다.

친구가 여자친구에게 프러포즈하는 걸 돕는다.

## 친구가 여자친구에게 프러포즈 하다 / 일을 돕다.

彼女카노죠는 원래 '그녀'라는 뜻의 3인칭 대명사지만, '여자친구'라는 의미로도 사용됩니다.
'전 여자친구'는 元カノ 모토카노라고 합니다.

중화요리점에서 아르바이트한 적이 없습니다.

## 중화요리점에서 아르바이트 했다 / 일이 있음 하지 않습니다.

중화요리점(中華料理店츄우카료오리텐)은
편의점(コンビニ콤비니)이나 카페(カフェ카훼) 등으로 바꿔 쓸 수 있습니다.

유실물센터에 파란 가방 있나요?

## 유실물 센터에 파랗다 / 가방이 있음 합니까?

일본어로 '빨갛다'는 赤い아카이,
'까맣다'는 黒い쿠로이, '하얗다'는 白い시로이라고 합니다.

간단한 일을 메모를 남겼습니다.

## 간단한 일은 메모를 남김 했습니다.

な나형용사는 명사를 수식할 때 '~な나 + 명사'의 형태를 취하기 때문에
な나형용사라고 합니다.

671

싱칸센 데 기타- 오 나쿠시타 / 코토 가 아리 마스.

新幹線で ギターを なくした / ことが あり ます。

672

소노 콘사-토 노 치켇토 와 카이 마센 데시타.

その コンサートの チケットは 買い ません でした。

673

키미 모 코노 메에쿠압푸 와 와타시 니
니아와 나이 토 오모우?

君も この メイクアップは 私に 似合わ ないと 思う?

674

켕코오 노 타메니 세에카츠 리즈무 오 마모리 마스.

健康の ために 生活 リズムを 守り ます。

675

마타 에아콘 노 리모콩 가 코와레타?

また エアコンの リモコンが 壊れた?

신칸센에서 기타를 잃어버린 적이 있습니다.

## 신칸센에서 기타를 잃었다 / 일이 있음 합니다.

신칸센(新幹線싱칸셍)은 일본의 고속열차입니다.
이 표현에서는 기차(汽車키샤)나 전철(電車덴샤) 등으로 바꿔 쓸 수 있습니다.

---

그 콘서트 티켓은 사지 않았습니다.

## 그 콘서트의 티켓은 삼 하지 않습니다 였습니다.

콘서트(コンサート콘사-토)는
연극(演劇엥게키)이나 영화(映画에에가) 등으로 바꿔 쓸 수 있습니다.

---

너도 이 메이크업은 나에게 어울리지 않는다고 생각해?

## 너도 이 메이크업은 나에게 어울리지 않다 라고 생각하다?

君은 일본어로 きみ키미 혹은 くん쿵이라고 발음합니다.
きみ키미라고 읽으면 '너'라는 뜻의 2인칭 대명사입니다.

---

건강을 위해서 생활 리듬을 지킵니다.

## 건강의 위해서 생활 리듬을 지킴 합니다.

일본의 인사말인 お元気ですか?오겡키데스카?는 '안녕하십니까?', '잘 지내십니까?'라는 뜻입니다.
元気겡키는 '건강', '기력'이라는 뜻입니다.

---

또 에어컨 리모컨이 망가졌어?

## 또 에어컨의 리모컨이 깨졌다?

また마타는 '또', '다음'이라는 뜻입니다.
また今度마타콘도라고 하면, 완곡한 거절의 말이기도 하고, 다음에 만나자는 인사가 되기도 합니다.

676

토모다치 토 데자-토 븃훼 니 읻타.

友達と デザ-ト ビュッフェに 行った。

677

킹요오비 니와 요아케 마데 사케 오 노미 마시타.

金曜日には 夜明けまで 酒を 飲み ました。

678

아카쨩 가 엠피츠 데 라쿠가키 오 시 나가라 아소부.

赤ちゃんが 鉛筆で 落書きを し ながら 遊ぶ。

679

보쿠 와 카족 샤싱 오 톧타 / 코토 가 아리 마셍.

僕は 家族 写真を 撮った / ことが あり ません。

680

모바이루 숍핑구 데 슈-즈 오 칻타.

モバイル ショッピングで シューズを 買った。

친구랑 디저트 뷔페에 갔다.

## 친구와 디저트 뷔페에 갔다.

일본에는 '스위트파라다이스(スイートパラダイス스이-토파라다이스)'라는 유명한 디저트 전문 뷔페가 있습니다.

금요일에는 새벽까지 술을 마셨습니다.

## 금요일에는 새벽까지 술을 마심 했습니다.

일본어로 '주말'은 **週末**슈우마츠, '평일'은 **平日**헤에지츠, '휴일'은 **休み**야스미라고 합니다.

아기가 연필로 낙서하면서 논다.

## 아기가 연필로 낙서를 함 하면서 놀다.

일반적인 필기구(筆記具힉키구)로는 볼펜(ボールペン보-루펭)이나 샤프(シャーペン샤-펭), 만년필(万年筆만넨히츠) 등이 있습니다.

저는 가족사진을 찍은 적이 없습니다.

## 나는 가족 사진을 찍었다 / 일이 있음 하지 않습니다.

'가족 사진을 찍다(家族 写真 を 撮る 카족 샤싱 오 토루)'는 '가족 여행을 가다(家族 旅行 に 行く 카조쿠 료코오 니 이쿠)'로 바꿀 수 있습니다.

모바일로 신발을 샀다.

## 모바일 쇼핑으로 신발을 샀다.

신발(シューズ슈-즈)은 책(本홍)이나 화장품(化粧品케쇼오힝) 등으로 바꿔 쓸 수 있습니다.

681

소레조레 코-라, 오렌지 쥬-스 나도 오 에란다.

それぞれ コーラ、オレンジ ジュース などを 選んだ。

682

카이단 데 칸리닌 니 앋타.

階段で 管理人に 会った。

683

리사이쿠루 센타- 니 오쿠루 / 센타쿠키 와 베란다 니 아리 마스.

リサイクル センターに 送る / 洗濯機は ベランダに あり ます。

684

사푸라이즈 파-티- 와 십파이 니 오왇타.

サプライズ パーティーは 失敗に 終わった。

685

토치 카이하츠 노 뉴-스 와 첵쿠 시 마시타카?

土地 開発の ニュースは チェック し ましたか?

각각 콜라, 오렌지 주스 등을 골랐다.

## 각각 콜라, 오렌지 주스 등을 골랐다.

'커피'는 コーヒー코-히-, '홍차'는 紅茶코오챠, '녹차'는 緑茶료쿠챠라고 합니다.

계단에서 관리인을 만났다.

## 계단에서 관리인에 만났다.

우리는 '만나다'라는 동사를 사용할 때 앞에 '~을(를)'이나 '~(이)랑', '~와(과)' 등을 쓰지만,
일본어에서는 に니(~에)를 사용합니다.

재활용 센터에 보낼 세탁기는 베란다에 있습니다.

## 리사이클 센터에 보내다 / 세탁기는 베란다에 있음 합니다.

'집'은 家이에, '방'은 部屋헤야,
'창고'는 倉庫소오코, '부엌'은 台所다이도코로라고 합니다.

깜짝 파티는 실패로 끝났다.

## 깜짝 파티는 실패에 끝났다.

깜짝 파티(サプライズパーティー사푸라이즈파-티-)는
쇼핑(ショッピング숍핑구)이나 회의(会議카이기) 등으로 바꿔 쓸 수 있습니다.

토지개발 뉴스는 점검했습니까?

## 토지 개발의 뉴스는 체크 함 했습니까?

일본은 최근 급격한 인구절벽을 겪으면서 빈집이 늘고 있습니다.
지방은 물론이고 대도시에도 빈집이 크게 늘어 사회적 문제로 대두되고 있습니다.

686

히-루 오 하이타 마마 데와 운텐 시 마셍.

ヒールを 履いた ままでは 運転 し ません。

687

인스탄토 오 덴시렌지 데 쵸오리 시테 타베타.

インスタントを 電子レンジで 調理 して 食べた。

688

아노 에키 니모 포스타- 오 핱타?

あの 駅にも ポスターを 貼った?

689

스키- 니 카소쿠 가 츠이테 돈돈 하야쿠 나루.

スキーに 加速が ついて どんどん 速く なる。

690

아나타 가 키타 / 토키 겡칸 니 스립파 가 아리 마시타카?

あなたが 来た / 時 玄関に スリッパが あり ましたか?

힐을 신은 채로는 운전하지 않습니다.

## 힐을 신었다 채로는 운전 함 하지 않습니다.

まま마마는 '~대로'라는 뜻입니다.
'원래 상태 그대로', '흘러가는 대로' 등의 용법으로 사용합니다.

---

즉석 음식을 전자레인지로 조리해 먹었다.

## 즉석 음식을 전자레인지로 조리 해서 먹었다.

부엌에 두는 가전제품으로는 냉장고(冷蔵庫레에조오코), 가스레인지(ガスレンジ가스렌지), 오븐(オーブン오-붕) 등이 있습니다.

---

저 역에도 포스터 붙였어?

## 저 역에도 포스터를 붙였다?

역(駅에키)은
버스 정류장(バス停바스테에)이나 공항(空港쿠우코오) 등으로 바꿔 쓸 수 있습니다.

---

스키에 가속이 붙어서 점점 빨라진다.

## 스키에 가속이 붙어서 점점 빠르게 되다.

**速い**하야이(빠르다)의 동음이의어로는 **早い**하야이가 있습니다.
**早い**하야이는 '(시간이) 이르다'라는 뜻입니다.

---

당신이 왔을 때 현관에 슬리퍼가 있었습니까?

## 당신이 왔다 / 때 현관에 슬리퍼가 있음 했습니까?

'운동화'는 **運動靴**운도오구츠, '샌들'은 **サンダル**산다루, '부츠'는 **ブーツ**부-츠라고 합니다.

691

카노죠 와 임베스토멘토・캄파니- 데 킴무 시 마시타.

彼女は インベストメント・カンパニーで 勤務 し ました。

692

카레타치 와 앙구라 데 유우메에 니 낟타.

彼たちは アングラで 有名に なった。

693

란치 타이무 쵸쿠젠 니 시츠몬 스루 / 코토 와
민나 이야가루.

ランチ タイム 直前に 質問 する / ことは 皆 嫌がる。

694

우에-토레스 노 아루바이토 오 시타.

ウエートレスの アルバイトを した。

695

부로-카- 오 츠으지테 보-토 오 캍타.

ブローカーを 通じて ボートを 買った。

그녀는 투자 회사에서 근무했습니다.

## 그녀는 투자 회사에서 근무 함 했습니다.

투자 회사(インベストメント・カンパニー임베스토멘토・캄파니-)는
병원(病院뵤오잉)이나 대기업(大企業다이키교오) 등으로 바꿔 쓸 수 있습니다.

---

그들은 언더그라운드에서 유명해졌다.

## 그들은 언더그라운드에서 유명에 됐다.

な나형용사에 になる니 나루(~에 되다)를 연결하면,
'な나형용사해지다'라는 표현이 됩니다.

---

점심시간 직전에 질문하는 건 모두 싫어한다.

## 점심 시간 직전에 질문 하다 / 일은 모두 싫어하다.

ランチ タイム란치 타이무는 lunch time을 일본식으로 쓴 것입니다.
같은 뜻의 다른 표현으로는 昼休み히루야스미가 있습니다.

---

웨이트리스 아르바이트를 했다.

## 웨이트리스의 아르바이트를 했다.

우리는 '아르바이트'를 '알바'로 줄여 말합니다.
일본에서는 アルバイト아루바이토를 バイト바이토라고 줄여 말합니다.

---

브로커를 통해서 보트를 샀다.

## 브로커를 통해서 보트를 샀다.

보트(ボート보-토)는
요트(ヨット욧토)나 부동산(不動産후도오상) 등으로 바꿔 쓸 수 있습니다.

696

아타라시이 / 상구라스 토카 산다루 와 카이 마셍카?

新しい / サングラス とか サンダルは 買い ませんか?

697

잇쇼 니 싱야 노 라지오 푸로구라무 오 키이타.

一緒に 深夜の ラジオ プログラムを 聞いた。

698

콤퓨-타- 데 아루바무 오 츠쿠리 마시타.

コンピューターで アルバムを 作り ました。

699

레시피 도오리 니 쿡키- 오 츠쿧타.

レシピ 通りに クッキーを 作った。

700

바스 가 코나쿠테 탁시- 오 욘다.

バスが 来なくて タクシーを 呼んだ。

새 선글라스라던가 샌들은 사지 않습니까?

## 새롭다 / 선글라스 라던가 샌들은 삼 하지 않습니까?

일본어로 '장보기', '쇼핑' 등을 買い物카이모노라고 합니다.
'장바구니'는 買い物かご카이모노카고라고 합니다.

---

같이 심야 라디오 프로그램을 들었다.

## 함께에 심야의 라디오 프로그램을 들었다.

일본어로 '라디오'는 ラジオ라지오, '오디오'는 オーディオ오-디오,
'비디오'는 ビデオ비데오, 'TV'는 テレビ테레비라고 합니다.

---

컴퓨터로 앨범을 만들었습니다.

## 컴퓨터로 앨범을 만듦 했습니다.

일본어의 조사 で데는 '~(으)로', '~에서'라는 뜻입니다.
장소나 원인, 이유, 방법 등을 나타낼 때 사용합니다.

---

요리법대로 쿠키를 만들었다.

## 요리법 대로에 쿠키를 만들었다.

쿠키(クッキー쿡키-)는
마카롱(マカロン마카롱)이나 푸딩(プリン푸링) 등으로 바꿔 쓸 수 있습니다.

---

버스가 안 와서 택시를 불렀다.

## 버스가 오지 않아서 택시를 불렀다.

우리나라에서는 버스 정류장에서 버스 도착 예정 시간을 실시간으로 확인할 수 있습니다.
일본에는 버스 정류장에 버스 예상 도착 시간표가 붙어있습니다.

701

우쿠레레 오 히키 나가라 프로포-즈 오 시타.

ウクレレを 弾き ながら プロポーズを した。

702

스잇치 오 오시테모 가멩 가 데 나이.

スイッチを 押しても 画面が 出 ない。

703

아메 가 훝타라 운도오카이 와 데키마셍.

雨が 降ったら 運動会は できません。

704

카레 와 무리나 약소쿠 오 쿄오요오 시 마시타.

彼は 無理な 約束を 強要 し ました。

705

셈몽카 니 이라이 시테 섹케에 시타.

専門家に 依頼 して 設計 した。

우쿨렐레 치면서 프러포즈했다.

## 우쿨렐레를 침하면서 프러포즈를 했다.

우쿨렐레(ウクレレ 우쿠레레)는
피아노(ピアノ 피아노)나 기타(ギター기타-) 등으로 바꿔 쓸 수 있습니다.

스위치를 눌러도 화면이 나오지 않는다.

## 스위치를 눌러도 화면이 나옴 않다.

사물이나 사람이 움직이는 영상을 우리는 '동영상'이라고 합니다.
일본어로는 **動画**도오가라고 하는데, 직역하면 '움직이는 그림'이라는 뜻입니다.

비가 오면 운동회는 할 수 없습니다.

## 비가 오면 운동회는 할 수 없습니다.

일본어로 '눈'은 **雪**유키, '바람'은 **風**카제,
'태풍'은 **台風**타이후우, '장마'는 **梅雨**츠유라고 합니다.

그는 무리한 약속을 강요했습니다.

## 그는 무리한 약속을 강요 함 했습니다.

な나형용사는 명사를 수식할 때 어미가 な나로 변해서 な나형용사라고 합니다.
기본형의 어미는 だ다입니다.

전문가에게 의뢰해서 설계했다.

## 전문가에게 의뢰해서 설계했다.

설계(設計 섹케에)는
디자인(デザイン 데자잉)이나 작곡(作曲 삭쿄쿠) 등으로 바꿔 쓸 수 있습니다.

706

와타시 와 아노 군징 가 스고이 토 오모이 마스.

私は あの 軍人が 凄いと 思い ます。

707

뮤-지카루 노 티켇팅구 니 십파이 시타.

ミュージカルの ティケッティングに 失敗 した。

708

이로오킹 가 히츠요오 데스 토 이이 마시타.

慰労金が 必要 です と 言い ました。

709

한닝 가 니게루 / 카노오세에 가 아리 마시타카?

犯人が 逃げる / 可能性が あり ましたか?

710

셈파이 토 토쇼칸 니 읻타.

先輩と 図書館に 行った。

저는 저 군인이 굉장하다고 생각합니다.

## 나는 저 군인이 굉장하다 라고 생각 합니다.

제2차 세계 대전 이후, 일본은 한동안 미 군정의 통치를 받았습니다.
이때, 미군이 일본 헌법을 개헌하면서 일본은 군대와 교전권을 가질 수 없게 됐습니다.

뮤지컬 표를 구하는 데 실패했다.

## 뮤지컬의 티케팅에 실패 했다.

일본에는 모든 배우가 여성인 **宝塚**타카라즈카라는 극단이 있습니다.
이 극단은 100년이 넘는 전통을 지닌 일본의 대표적인 뮤지컬 극단입니다.

위로금이 필요하다고 말했습니다.

## 위로금이 필요 입니다 라고 말함 했습니다.

일본어에서 と 토는 '~와(과)'라는 뜻의 조사로 주로 사용되는데,
이 표현에서처럼 '전언'의 의미로도 쓸 수 있습니다.

범인이 도망칠 가능성이 있습니까?

## 범인이 도망치다 / 가능성이 있음 했습니까?

'피해자'는 **被害者**히가이샤,
'가해자'는 **加害者**카가이샤, '용의자'는 **容疑者**요오기샤라고 합니다.

선배랑 도서관에 갔다.

## 선배와 도서관에 갔다.

도서관(図書館토쇼캉)은
미술관(美術館비쥬츠캉)이나 박물관(博物館하쿠부츠캉) 등으로 바꿔 쓸 수 있습니다.

711

지슈 키칸 니 잇쇼 니 지슈 시 마시타.

自首 期間に 一緒に 自首 し ました。

712

코요오 노 죠오켕 와 챤토 요미 마시타카?

雇用の 条件は ちゃんと 読み ましたか?

713

이타리아진 토 기리시아징 오 칸치가이 시타.

イタリア人と ギリシア人を 勘違い した。

714

한자이 신리각샤 노 쥬우요오세에 가 후에 마시타카?

犯罪 心理学者の 重要性が 増え ましたか?

715

토레-딩구 캉케에 노 시고토 오 시테 이마시타카?

トレーディング 関係の 仕事を して いましたか?

자수 기간에 함께 자수했습니다.

## 자수 기간에 함께에 자수 함 했습니다.

一緒잇쇼는 '함께', '같이'라는 뜻입니다.
비슷한 표현으로는 共に토모니(함께, 같이, 동시에)가 있습니다.

고용 조건은 잘 읽었습니까?

## 고용의 조건은 제대로 읽음 했습니까?

일본어로 '쓰다'는 書く카쿠, '읽다'는 読む요무라고 합니다.
'읽고 쓰기'는 読み書き요미카키라고 합니다.

이탈리아인과 그리스인을 착각했다.

## 이탈리아인과 그리스인을 착각 했다.

'바티칸'은 バチカン바치칸,
'마케도니아'는 マケドニア마케도니아, '불가리아'는 ブルガリア부루가리아라고 합니다.

범죄 심리학자의 중요성이 늘어났습니까?

## 범죄 심리학자의 중요성이 늚 했습니까?

범죄(犯罪한자이)는
사회(社会샤카이)나 아동(児童지도오), 이상(異常이죠오) 등으로 바꿔 쓸 수 있습니다.

주식 관계의 일을 하고 있었습니까?

## 주식 관계의 일을 하고 있었습니까?

仕事시고토는 '직업', '업무'로서의 '일'을 의미합니다.
그래서 직업을 물어볼 때도 仕事시고토를 씁니다.

716

세에코오 노 타메 나라 슈당 오 에라바 나이.

成功の ため なら 手段を 選ば ない。

717

아노 소시키 토 카쿠베츠나 코오류우 가 아리 마시타카?

あの 組織と 格別な 交流が あり ましたか?

718

켁콕 삭셍 와 십파이 데 오와리 마시타.

結局 作戦は 失敗で 終わり ました。

719

보쿠라 가 각세에 닫타 / 코로 토 치가이 마셍카?

僕らが 学生 だった / 頃と 違い ませんか?

720

카-도 니와 메-루 아도레스 다케 카이타.

カード には メール アドレス だけ 書いた。

성공을 위해서라면 수단을 가리지 않는다.

## 성공의 위해 라면 수단을 고르지 않다.

일본어에는 4가지 종류의 가정 표현이 있습니다.
なら나라는 '~라면 ~'같이 조건을 나타낼 때 주로 사용하는 가정 표현입니다.

---

그 조직과 각별한 교류가 있었습니까?

## 저 조직과 각별한 교류가 있음 했습니까?

일본어에서 형용사는 い이형용사와 な나형용사 2종류가 있습니다.
な나형용사는 명사를 수식할 때 '~な나 + 명사'의 형태를 띱니다.

---

결국, 작전은 실패로 끝났습니다.

## 결국 작전은 실패로 끝 했습니다.

'성공'은 成功세에코오, '실패'는 失敗십파이,
'장점'은 長所쵸오쇼, '단점'은 短所탄쇼라고 합니다.

---

저희가 학생이었을 무렵과 다르지 않습니까?

## 우리가 학생 이었다 / 무렵과 다름 하지 않습니까?

일본어에서는 '나'를 의미하는 1인칭 대명사의 뒤에
복수를 나타내는 たち타치나 ら라를 붙여서 '우리'라는 표현을 만듭니다.

---

카드에는 메일 주소만 썼다.

## 카드에는 메일 주소 만 썼다.

메일 주소(メールアドレス메-루아도레스)는
이름(名前나마에)이나 주소(住所쥬우쇼) 등으로 바꿔 쓸 수 있습니다.

721

데자-토 니 레몽 오 데코레-숀 스루.

デザートに レモンを デコレーション する。

722

아루바이토 데 나비게-숑 오 세-루스 시 마시타.

アルバイトで ナビゲーションを セールス し ました。

723

홧숀쇼- 데 모데루 토시테 카츠도오 시 마시타.

ファッションショーで モデル として 活動 し ました。

724

붕가쿠 노 쿄오카쇼 와 아루?

文学の 教科書は ある?

725

쿄오 와 키노오 요리 하야쿠 자이료오 오 쥼비 시타.

今日は 昨日 より 早く 材料を 準備 した。

디저트에 레몬을 장식하다.

## 디저트에 레몬을 장식 하다.

'과일'은 果物쿠다모노,
'딸기'는 イチゴ이치고, '오렌지'는 オレンジ오렌지, '복숭아'는 桃모모라고 합니다.

아르바이트로 내비게이션을 외판했습니다.

## 아르바이트로 내비게이션을 외판 함 했습니다.

내비게이션(ナビゲーション나비게-숀)은 화장품(化粧品케쇼오힝)이나
건강보조식품(サプリメント사푸리멘토) 등으로 바꿔 쓸 수 있습니다.

패션쇼에서 모델로서 활동했습니다.

## 패션쇼에서 모델 로서 활동 함 했습니다.

として토시테는 자격이나 태도를 나타낼 때 사용하는 표현입니다.
'~(으)로서'로 해석됩니다.

문학 교과서는 있어?

## 문학의 교과서는 있다?

문학(文学붕가쿠)은
수학(数学스으가쿠)이나 영어(英語에에고) 등으로 바꿔 쓸 수 있습니다.

오늘은 어제보다 일찍 재료를 준비했다.

## 오늘은 어제 보다 이르게 재료를 준비 했다.

早い(이르다)와 速い(빠르다)는 둘 다
はやい하야이라고 발음합니다.

726

카노죠와 산 지니 요약 시타.

彼女は 3 時に 予約 した。

727

스쿠리-인데 콩쿠-루노 켁카오 미타.

スクリーンで コンクールの 結果を 見た。

728

인테리아노 카이샤니 이라이 시테 리모데링구 시 마시타카?

インテリアの 会社に 依頼 して リモデリング し ましたか?

729

소노 테로리스토타치가 미사이루오 운소오 시 마시타.

その テロリストたちが ミサイルを 運送 し ました。

730

스테-지노 우에노 카슈오 미루.

ステージの 上の 歌手を 見る。

그녀는 3시에 예약했다.

그녀는 3 시에 예약 했다.

'1시'는 一時이치지, '2시'는 二時니지,
'오전'은 午前고젱, '오후'는 午後고고라고 합니다.

스크린으로 콩쿠르 결과를 봤다.

스크린으로 콩쿠르의 결과를 봤다.

콩쿠르(コンクール콩쿠-루)는
재판(裁判사이방)이나 추첨(抽選츄우센) 등으로 바꿔 쓸 수 있습니다.

인테리어 회사에 의뢰해서 개축했습니까?

인테리어의 회사에 의뢰 해서 리모델링 함 했습니까?

오래됐거나 문제가 있는 주택을 다시 짓는 것을 '재건축'이라고 합니다.
일본에서는 建て替え타테카에라고 하는데, 직역하면 '바꿔 지음'이라는 뜻입니다.

그 테러리스트들이 미사일을 운송했습니다.

그 테러리스트들이 미사일을 운송 함 했습니다.

미사일(ミサイル미사이루)은
폭탄(爆弾바쿠당)이나 지뢰(地雷지라이) 등으로 바꿔 쓸 수 있습니다.

무대 위의 가수를 보다.

무대의 위의 가수를 보다.

방향(方向호오코오)을 나타내는 표현으로는
위(上우에), 아래(下시타), 왼쪽(左히다리), 오른쪽(右미기) 등이 있습니다.

731

토레-나- 와 란닝구 타이무 오 첵쿠 시타.

トレーナーは ランニング タイムを チェック した。

732

보-이스카우토 데 란탄 토 로-푸 오 몯테 캼푸 오 시타.

ボーイスカウトで ランタンと ロープを 持って キャンプを した。

733

와타시타치 와 세츠메에 오 키키 나가라 치즈 오 미타.

私たちは 説明を 聞き ながら 地図を 見た。

734

우오-무압푸 데 젠싱 운도오 오 시타.

ウオームアップで 全身 運動を した。

735

데스쿠 니 규우뉴우빙 가 아리 마시타카?

デスクに 牛乳瓶が あり ましたか?

트레이너는 달린 시간을 표시했다.

## 트레이너는 러닝 시간을 체크 했다.

일본어는 우리말과 어순이 같고, 전치사가 아닌 조사를 사용해서,
문법을 잘 몰라도 조사나 단어를 끼워 맞춰서 문장을 만들 수 있습니다.

보이스카우트에서 랜턴과 밧줄을 가지고 캠프를 했다.

## 보이스카우트에서 랜턴과 밧줄을 가지고 캠프를 했다.

일본어에서 '~와 ~'같이 나열할 때는 と토나 や야를 씁니다.
이때, と토는 언급된 것 이외에는 없다는 뉘앙스를 가집니다.

우리는 설명을 들으면서 지도를 봤다.

## 우리는 설명을 들음 하면서 지도를 봤다.

ながら나가라는 '~하면서'라는 뜻입니다.
동사의 명사형의 뒤에 붙습니다.

워밍업으로 전신 운동을 했다.

## 워밍업으로 전신 운동을 했다.

3그룹 동사 중 하나인 する스루(하다)는 응용에 따라 어간까지 변하기 때문에
さ사행 변격 동사라고도 합니다.

책상에 우유병이 있었습니까?

## 책상에 우유병이 있음 했습니까?

일본어로 '있다'를 ある아루 혹은 いる이루라고 합니다.
사람이나 동물 등 '생물'은 いる이루, 생명이 없는 '사물'은 ある아루를 씁니다.

736

키쿠 / 히토 노 키붕 모 코오료 시테 코타에 마스.

聞く / 人の 気分も 考慮 して 答え ます。

737

에스카레-타- 니 토오챡 시테 뎅와 시타.

エスカレーターに 到着 して 電話 した。

738

아-티스토타치 와 이로이로나 소자이 오 츠카우.

アーティストたちは 色々な 素材を 使う。

739

아나타 노 모쿠테키치 에 이쿠 / 쵸쿠코오 바스 가 아리 마스카?

あなたの 目的地 へ 行く / 直行 バスが あり ますか?

740

킨조쿠 노 아레루기- 가 앋테 악세사리- 와 시 마셍.

金属の アレルギーが あって アクセサリーは し ません。

듣는 사람의 기분도 고려해서 대답합니다.

듣다 / 사람 의 기분 도 고려 해서 대답 합니다.

'듣다'는 일본어로 聞く 혹은 聴く라고 합니다.
둘 다 きく키쿠라고 읽는데, 聞く는 '그냥 듣는 것', 聴く는 '주의 깊게 듣는 것'을 의미합니다.

---

에스컬레이터에 도착해서 전화했다.

에스컬레이터 에 도착 해서 전화 했다.

에스컬레이터(エスカレーター에스카레-타-)는
정문(正門세에몽)이나 집(家이에) 등으로 바꿔 쓸 수 있습니다.

---

아티스트들은 다양한 소재를 사용한다.

아티스트들 은 다양한 소재 를 사용하다.

々는 앞의 한자를 한 번 더 반복하라는 뜻의 '반복 기호'입니다.
色々 이로이로(여러 가지), 時々 토키도키(가끔)처럼 사용합니다.

---

당신의 목적지로 가는 직행 버스가 있습니까?

당신 의 목적지 로 가다 / 직행 버스 가 있음 합니까?

히라가나 へ는 원래 헤라고 읽습니다.
하지만 は와 마찬가지로, 조사로 쓰일 땐 에라고 읽습니다.

---

금속 알레르기가 있어서 액세서리는 하지 않습니다.

금속 의 알레르기 가 있어서 액세서리 는 함 하지 않습니다.

액세서리 중 '귀걸이'는 일본어로
ピアス 피아스 혹은 イヤリング 이야링구라고 합니다.

741

카이기 노 나이요오 오 메모 시타?

会議の 内容を メモ した?

742

바이오링 엔소오카이 와 마다 하지마리 마센 데시타.

バイオリン 演奏会は まだ 始まり ません でした。

743

츄우각코오 노 토키, 오-보에 오 시타 / 코토 가 아리 마스.

中学校の 時、オーボエを した / ことが あり ます。

744

닝키 타렌토 노 인타뷰- 오 호오소오 스루.

人気 タレントの インタビューを 放送 する。

745

카이웅 카이샤 니 이라이 시테 움판 시타.

海運 会社に 依頼 して 運搬 した。

회의 내용을 메모했어?

## 회의의 내용을 메모 했다?

일본어에서는 명사와 명사가 바로 이어질 수 없습니다.
그래서 우리말 해석으로는 아무 의미 없어도, 단어와 단어 사이에 の노를 넣어줘야 합니다.

---

바이올린 연주회는 아직 시작되지 않았습니다.

## 바이올린 연주회는 아직 시작 하지 않습니다 였습니다.

まだ마다는 '아직'이라는 뜻의 부사인데,
'또'라는 뜻의 부사 また마타와 비슷하므로 주의해서 사용해야 합니다.

---

중학교 때 오보에를 한 적이 있습니다.

## 중학교의 때, 오보에를 했다 / 일이 있음 합니다.

오보에(オーボエ오-보에)는
플루트(フルート후루-토)나 클라리넷(クラリネット쿠라리넽토) 등으로 바꿔 쓸 수 있습니다.

---

인기 탤런트의 인터뷰를 방송하다.

## 인기 탤런트의 인터뷰를 방송 하다.

탤런트(タレント타렌토)는
남자 배우(俳優하이유우)나 여자 배우(女優죠유우) 등으로 바꿔 쓸 수 있습니다.

---

해운회사에 의뢰해서 운반했다.

## 해운 회사에 의뢰 해서 운반 했다.

'택배'는 宅配타쿠하이, '소포'는 小包코즈츠미,
'편지'는 手紙테가미라고 합니다.

746

치이오 리요오 시테 칸쇼오 시 마시타카?

地位を 利用 して 干渉 し ましたか?

747

보쿠타치와 소츠교오 키넨데 캼핑구니 잇타.

僕たちは 卒業 記念で キャンピングに 行った。

748

란치데 에키 마에노 베-카리-노 토-스토오 타베타.

ランチで 駅 前の ベーカリーの トーストを 食べた。

749

소노 푸로제쿠토와 십파이니 오왇타.

その プロジェクトは 失敗に 終わった。

750

카레노 쇼유우노 푸-루데 아소비 마시타.

彼の 所有の プールで 遊び ました。

지위를 이용해서 간섭했습니까?

## 지위를 이용해서 간섭 함 했습니까?

일본어로 '방해'를 邪魔쟈마라고 합니다.
불교에서 수행자를 괴롭혀서 수행을 방해하는 악마의 이름에서 유래한 단어입니다.

우리는 졸업 기념으로 캠핑을 갔다.

## 우리는 졸업 기념으로 캠핑에 갔다.

캠핑(キャンピング캼핑구)은
여행(旅行료코오)이나 소풍(ピクニック피쿠닉쿠) 등으로 바꿔 쓸 수 있습니다.

점심으로 역 앞 제과점의 토스트를 먹었다.

## 점심으로 역 앞의 제과점의 토스트를 먹었다.

'식빵'은 食パン쇼쿠팡, '피자 빵'은 ピザトースト피자토-스토,
'바게트'는 フランスパン후란스팡이라고 합니다.

그 프로젝트는 실패로 끝났다.

## 그 프로젝트는 실패에 끝났다.

この코노(이), その소노(그), あの아노(저), どの도노(어느)는
명사의 앞에서 명사를 강조하는 역할을 합니다.

그의 소유의 수영장에서 놀았습니다.

## 그의 소유의 수영장에서 놀음 했습니다.

일본어로 '놀이'를 遊び아소비라고 합니다.
앞에 水미즈(물)를 붙여서 水遊び 미즈아소비라고 하면 '물놀이', '물장난'이라는 뜻이 됩니다.

751

라지오 오 키키 나가라 카케에보 오 츠케루.

ラジオを 聞き ながら 家計簿を つける。

752

사무쿠테 고고 노 약소쿠 와 캰세루 시타.

寒くて 午後の 約束は キャンセル した。

753

키미 모 잣시 토 비-루 오 카이 니 데타?

君も 雑誌と ビールを 買いに 出た?

754

제리- 와 벧토 쟈 나이 토 키키 마시타.

ゼリーは 別途 じゃ ないと 聞き ました。

755

센챠쿠쥰 노 이벤토 와 이츠 마데 시 마스카?

先着順の イベントは いつまで し ますか?

라디오를 들으면서 가계부를 쓰다.

## 라디오를 들음 하면서 가계부를 붙이다.

라디오(ラジオ라지오)는
노래(歌우타)나 이야기(話하나시) 등으로 바꿔 쓸 수 있습니다.

추워서 오후 약속은 취소했다.

## 추워서 오후의 약속은 취소 했다.

'따뜻하다'는 暖かい아타타카이, '덥다'는 暑い아츠이,
'시원하다'는 涼しい스즈시이라고 합니다.

너도 잡지랑 맥주 사러 나왔어?

## 너도 잡지와 맥주를 삼에 나왔다?

동사의 명사형에 に니가 붙으면 '동사하러'라는 의미의 표현이 됩니다.
예를 들어, 見に미 니라고 하면 '보러'라는 뜻입니다.

젤리는 별도가 아니라고 들었습니다.

## 젤리는 별도가 아니다 라고 들음 했습니다.

聞く키쿠는 원래 '듣다'라는 뜻의 동사인데,
'질문하다', '묻다'라는 의미로도 사용합니다.

선착순 이벤트는 언제까지 합니까?

## 선착순의 이벤트는 언제까지 함 합니까?

いつ이츠는 '언제'라는 뜻입니다. 뒤의 조사를 바꿔서
'언제부터(いつから이츠카라)'나 '언제나(いつも이츠모)' 같은 표현도 만들 수 있습니다.

# 일본어와 우리말은 지나치게 비슷하다

-첫날부터 잘한다-

1 오다.

2 왔다.

3 옵니다.

4 왔습니다.

5 오지 않다.

6 오지 않았다.

7 오지 않습니다.

8 오지 않았습니다.

# 앞으로 소개할 8문형 미리 보기

1 쿠 **루**.
く る。오다.

---

2 키 **타**.
き た。왔다.

---

3 키 **마스**.
き ます。옵니다.

---

4 키 **마시타**.
き ました。왔**습니다**.

5 코 **나이**.
こ ない。오**지 않다**.

---

6 코 **나캇타**.
こ なかった。오**지 않았다**.

---

7 키 **마셍**.
き ません。오**지 않습니다**.

---

8 키 **마센 데시타**.
き ません でした。오**지 않았습니다**.

**Tip**

**쿠루** くる는 변화에 따라서 어간도 변합니다. 그래서 **카** か행 변격 동사라고도 합니다.

| | | | |
|---|---|---|---|
| 키 き | き 키 | ます 마스 | : 옵니다. |
| 코 こ | こ 코 | ない 나이 | : 오지 않다. |

756

싯쇼쿠 데 세에카츠 가 콘난 니 나리 마시타.

失職で 生活が 困難に なり ました。

757

카렌다– 니 스케쥬–루 오 카이타.

カレンダーに スケジュールを 書いた。

758

도이츠, 후란스 오 헤테 이기리스 마데 이키 마시타.

ドイツ、フランスを 経て イギリスまで 行き ました。

759

하무 오 입파이 이레테 산도윗치 오 츠쿧타.

ハムを いっぱい 入れて サンドウィッチを 作った。

760

레키시 오 키–와–도 니 시테
도큐멘타리– 오 사츠에에 시 마시타.

歴史を キーワードに して ドキュメンタリーを 撮影 し ました。

실직으로 생활이 곤란해졌습니다.

## 실직으로 생활이 곤란에 됨 했습니다.

な나형용사의 뒤에 になる니 나루(~에 되다)가 붙으면
'な나형용사해지다'라는 표현이 됩니다.

달력에 스케줄을 썼다.

## 달력에 스케줄을 썼다.

일본어로 '다이어리'는 ダイアリー다이아리-,
'수첩'은 手帳테쵸오, '일기장'은 日記帳닉키쵸오라고 합니다.

독일, 프랑스를 거쳐 영국까지 갔습니다.

## 독일, 프랑스를 지나가서 영국까지 감 했습니다.

経る헤루는 '지나가다', '거치다'라는 뜻입니다.
장소를 지나치는 것뿐만 아니라, 시간이나 과정, 사건이 지나가는 것에도 사용할 수 있습니다.

햄을 가득 넣어서 샌드위치를 만들었다.

## 햄을 가득 넣어서 샌드위치를 만들었다.

'양상추'는 レタス레타스, '양배추'는 キャベツ캬베츠,
'양파'는 玉ねぎ타마네기라고 합니다.

역사를 키워드로 다큐멘터리를 촬영했습니다.

## 역사를 키워드에 해서 다큐멘터리를 촬영 함 했습니다.

역사(歴史레키시)는
전쟁(戦争센소오)이나 기후변화(気候変化키코오헹카) 등으로 바꿔 쓸 수 있습니다.

761

카이죠오 니와 하이유우 야 타렌토 나도
오오쿠 노 게에닝 가 키타.

会場には 俳優 や タレント など 多くの 芸人が 来た。

762

켕큐우시츠 니 각세에타치 가 켕가쿠 니 키타.

研究室に 学生たちが 見学に 来た。

763

오토토이 카라 죠오시 카라노 뎅와 가 키마셍.

一昨日から 上司からの 電話が 来ません。

764

카레 와 카나다 카라 키마시타.

彼は カナダから 来ました。

765

히가이 와 나캇타 토 렌라쿠 가 키마시타.

被害は なかったと 連絡が 来ました。

행사장에는 배우와 탤런트 등 많은 연예인이 왔다.

## 회장에는 남자 배우랑 탤런트 등 많음의 연예인이 왔다.

우리는 성별과 관계없이 '배우'라고 하지만,
일본에서는 남자 배우(俳優하이유우)와 여자 배우(女優죠유우)를 구별해 사용합니다.

---

연구실에 학생들이 견학 왔다.

## 연구실에 학생들이 견학에 왔다.

우리말에서는 복수형 표현을 만들 때 '~들'이라는 말을 씁니다.
일본에서는 たち타치나 ら라를 붙여서 만듭니다.

---

그저께부터 상사의 전화가 오지 않습니다.

## 그저께부터 상사부터의 전화가 오지 않습니다.

'어제'는 **昨日**키노오, '오늘'은 **今日**쿄오,
'내일'은 **明日**아시타, '모레'는 **明後日**아삳테라고 합니다.

---

그는 캐나다에서 왔습니다.

## 그는 캐나다부터 왔습니다.

'저는 한국에서 왔습니다.'는 일본어로
私は韓国から来ました。 와타시 와 캉코쿠 카라 키마시타.라고 합니다.

---

피해는 없었다고 연락이 왔습니다.

## 피해는 없었다 라고 연락이 왔습니다.

と토는 '~와(과)'라는 뜻의 '조사'로 많이 사용되지만,
이 표현에서처럼 '전언'의 의미로도 사용됩니다.

766

카레 와 이츠모 약속 시타 / 지캉 요리 오소쿠 쿠루.

彼は いつも 約束 した / 時間 より 遅く 来る。

767

훠-라무 니 마스코미 가 탁상 키타.

フォーラムに マスコミが たくさん 来た。

768

란닝구샤츠 노 스가타 데 소화- 니 요코 니 나루.

ランニングシャツの 姿で ソファーに 横に なる。

769

아노 후타리 가 켁콘 스루 토와 젠젱 오모와 나캇타.

あの 二人が 結婚 するとは 全然 思わ なかった。

770

카레 와 에에가 칸토쿠 오 메자스.

彼は 映画 監督を 目指す。

그는 항상 약속했던 시간보다 늦게 온다.

## 그는 언제나 약속 했다 / 시간 보다 늦게 오다.

일본에도 '새끼손가락 걸고 약속해'가 있습니다. 指切りげんまん 유비키리겜망이라고 하는데, 약속을 어기면 손가락을 자르고 만 번 때린다는 뜻입니다.

포럼에 매스컴이 많이 왔다.

## 포럼에 매스컴이 많음 왔다.

マスコミ 마스코미와 비슷한 발음의 ロコミ 쿠치코미라는 말이 있습니다. '입소문'이라는 뜻으로, '입(口쿠치)'에 '커뮤니케이션(コミュニケーション코뮤니케-숑)'이 연결된 형태입니다.

러닝셔츠 차림으로 소파에 눕는다.

## 러닝셔츠의 모양으로 소파에 옆에 되다.

일본어 横になる 요코 니 나루는 직역하면 '가로가 되다'라는 뜻인데, '눕다'는 의미의 관용어입니다.

저 둘이 결혼한다고는 전혀 생각하지 않았다.

## 저 두 사람이 결혼 하다 라고는 전혀 생각하지 않았다.

全然 젠젱(전혀)은 보통 부정표현과 함께 사용하는데, 비슷한 표현으로 全く 맏타쿠(완전히)와 まるきり 마루키리(전혀)등이 있습니다.

그는 영화감독을 목표로 하고 있다.

## 그는 영화 감독을 지향하다.

영화감독(映画監督 에에가칸토쿠)은 소방관(消防士 쇼오보오시)이나 과학자(科学者 카각샤) 등으로 바꿔 쓸 수 있습니다.

771

코-토노 휀스니 펭키오 눋타.

コートの フェンスに ペンキを 塗った。

772

와타시타치오 칸시 스루 / 사교오니 챠슈 시 마시타카?

私たちを 監視 する / 作業に 着手 し ましたか?

773

코노 캬라쿠타-와 돈나 콘세푸토데 츠쿠리 마시타카?

この キャラクターは どんな コンセプトで 作り ましたか?

774

소노 마라손 타이카이니와 상카 시타 / 코토가 아리 마스.

その マラソン 大会には 参加 した / ことが あり ます。

775

테로리스토가 휀스오 코에테 니게 마시타.

テロリストが フェンスを 越えて 逃げ ました。

경기장 펜스에 페인트를 칠했다.

코트의 펜스에 페인트를 칠했다.

이 표현에서 コート 코-토는 '경기장'이라는 의미로 쓰였습니다.
하지만, '겉옷'이라는 뜻의 '코트'도 コート 코-토라고 씁니다.

저희를 감시하는 작업에 착수했습니까?

우리를 감시 하다 / 작업에 착수 함 했습니까?

着手する 챠슈스루(착수하다)와 같은 뜻으로,
就く 츠쿠(들다, 오르다)와 取り掛かる 토리카카루(착수하다, 시작하다)등이 있습니다.

이 캐릭터는 어떤 콘셉트로 만들었습니까?

이 캐릭터는 어떤 콘셉트로 만듦 했습니까?

일본에는 지역마다 그 지역을 대표하는 캐릭터가 있습니다.
이런 캐릭터를 ゆるキャラ 유루캬라라고 하는데, 모아서 축제를 열기도 합니다.

그 마라톤 대회에는 참가한 적이 있습니다.

그 마라톤 대회에는 참가 했다 / 일이 있음 합니다.

마라톤(マラソン마라송)은
수영(水泳스이에에)이나 테니스(テニス테니스) 등으로 바꿔 쓸 수 있습니다.

테러리스트가 펜스를 넘어서 도망쳤습니다.

테러리스트가 펜스를 넘어서 도망침 했습니다.

越える 코에루는
사물, 기준, 한계, 사람 등을 '뛰어넘다', '초월하다'라는 의미입니다.

776

센슈우, 바레- 합표오카이 오 시 마시타.

先週、バレー 発表会を し ました。

777

킨다이 니 낟테 진루이 와 입포 젠신 시타 토 오모이 마스.

近代に なって 人類は 一歩 前進 したと 思い ます。

778

마라송 오 시타 / 코토 가 아리 마스카?

マラソンを した / ことが あり ますか?

779

코노 완루-무 니 다레 가 쿠라시 마스카?

この ワンルームに 誰が 暮し ますか?

780

카레라 와 싱고오 오 무시 시테 하시리 마시타.

彼らは 信号を 無視 して 走り ました。

지난주, 발레 발표회를 했습니다.

지난주, 발레 발표회를 함 했습니다.

バレー바레-는 '배구' 또는 '발레'라는 뜻입니다.
무용으로서의 발레는 보통 クラシックバレー쿠라식쿠바레-라고 합니다.

근대가 돼서 인류는 일보 전진했다고 생각합니다.

근대에 돼서 인류는 일보 전진 했다 라고 생각 합니다.

なる나루(되다)의 앞은 항상 に니가 옵니다.
그러므로 처음부터 に니 + なる나루의 형태로 외우는 것이 좋습니다.

마라톤을 한 적이 있습니까?

마라톤을 했다 / 일이 있음 합니까?

마라톤(マラソン마라송)은
축구(サッカー삭카-)나 야구(野球야큐우) 등으로 바꿔 쓸 수 있습니다.

이 원룸에 누가 삽니까?

이 원룸에 누구가 삶 합니까?

暮す쿠라스는 '하루를 보내다', '살다'라는 뜻입니다.
一人暮らし히토리구라시라고 하면, '독신 생활', '자취'라는 표현이 됩니다.

그들은 신호를 무시하고 달렸습니다.

그들은 신호를 무시 하고 달림 했습니다.

일본에서도 신호 무시나 속도위반으로 벌칙금을 무는 경우가 흔합니다.
'속도위반'은 速度違反소쿠도이항, '신호 무시'는 信号無視싱고오무시라고 합니다.

781

콤퓨-타- 노 우이루스 데 화이루 가 키에타?

コンピューターの ウイルスで ファイルが 消えた?

782

바레-보-루 오 시 나가라 아손다.

バレーボールを し ながら 遊んだ。

783

와타시 노 오토오토 와 유니호-무 오 키 나캇타.

私の 弟は ユニホームを 着 なかった。

784

소노 부로구 와 쿠릭쿠 시 나캇타.

その ブログは クリック し なかった。

785

소노 갸라리- 와 마이슈우 게츠요오비 다케 야스미 마셍카?

その ギャラリーは 毎週 月曜日 だけ 休み ませんか?

컴퓨터 바이러스로 파일이 사라졌어?

## 컴퓨터의 바이러스로 파일이 사라졌다?

Virus를 우리나라에서는 '바이러스'라고 하지만,
일본어에서는 ウイルス우이루스라고 합니다.

배구를 하면서 놀았다.

## 배구를 함 하면서 놀았다.

배구(バレーボール바레-보-루)는
캐치볼(キャッチボール캿치보-루)이나 게임(ゲーム게-무) 등으로 바꿔 쓸 수 있습니다.

내 남동생은 유니폼을 입지 않았다.

## 나의 남동생은 유니폼을 입음 않았다.

'형/오빠'는 兄아니, '언니/누나'는 姉아네,
'남동생'은 弟오토오토, '여동생'은 妹이모오토라고 합니다.

그 블로그는 클릭하지 않았다.

## 그 블로그는 클릭 함 않았다.

블로그(ブログ부로구)는
홈페이지(ホームページ호-무페-지)나 사이트(サイト사이토) 등으로 바꿔 쓸 수 있습니다.

그 갤러리는 매주 월요일만 쉬지 않습니까?

## 그 갤러리는 매주 월요일만 쉼 하지 않습니까?

'화요일'은 火曜日카요오비, '수요일'은 水曜日스이요오비,
'목요일'은 木曜日모쿠요오비, '금요일'은 金曜日킹요오비라고 합니다.

786

바스켇토보-루부 니 하이리 마시타.

バスケットボール部に 入り ました。

787

라지오 데 폽푸송구 오 키키 마시타.

ラジオで ポップソングを 聞き ました。

788

테-부루 노 우에 니 토람푸 가 아리 마시타.

テーブルの 上に トランプが あり ました。

789

콩쿠-루 노 타메 슈우마츠 니모 렛승 오 우케루.

コンクールの ため 週末にも レッスンを 受ける。

790

료오신 노 뎅와 방고오 모 앙키 시 마셍.

両親の 電話 番号も 暗記 し ません。

농구부에 들어갔습니다.

## 농구부에 들어감 했습니다.

농구부(バスケットボール部바스켇토보-루부)는
도서부(図書部토쇼부)나 합창부(合唱部갓쇼오부) 등으로 바꿔 쓸 수 있습니다.

라디오로 팝송을 들었습니다.

## 라디오로 팝송을 들음 했습니다.

우리는 서양 음악을 보통 '팝송'이라고 합니다.
일본에서는 洋楽요오가쿠라는 표현을 더 흔히 사용합니다.

테이블 위에 트럼프가 있었습니다.

## 테이블의 위에 트럼프가 있음 했습니다.

트럼프(トランプ토람푸)는
잡지(雑誌잣시)나 신문(新聞심붕) 등으로 바꿔 쓸 수 있습니다.

콩쿠르를 위해 주말에도 교습을 받는다.

## 콩쿠르의 위해 주말에도 교습을 받다.

우리는 '휴식', '방학', '휴가'를 구분해서 사용합니다.
하지만, 일본어에서는 모두 休み야스미라고 표현합니다.

부모님의 전화번호도 암기하지 않습니다.

## 양친의 전화 번호도 암기 함 하지 않습니다.

'아버지'는 お父さん오토오상, '어머니'는 お母さん오카아상,
'아들'은 息子무스코, '딸'은 娘무스메라고 합니다.

791

카사이 노 사이렝 가 낟테 민나 히난 시타.

火災の サイレンが 鳴って 皆 避難 した。

792

뵤오임 마데 탁시- 데 남 풍 카캍타?

病院まで タクシーで 何 分 かかった?

793

카노죠타치 와 츠요쿠 헤에토스피-치 오 히난 시타.

彼女たちは 強く ヘイトスピーチを 非難 した。

794

소노 셈파이 와 한사무 다케도 이츠모 치콕 스루.

その 先輩は ハンサム だけど いつも 遅刻 する。

795

에-푸리루후-루 니 레잉코-토 오 키테 슛샤 시타.

エープリルフールに レインコートを 着て 出社 した。

화재 사이렌이 울려서 모두 피난했다.

## 화재의 사이렌이 울려서 모두 피난 했다.

鳴る(울리다)와 生る(열리다), 成る(성립하다)는
모두 なる나루라고 읽기 때문에, 한자를 쓸 때 잘 구별해서 써야 합니다.

---

병원까지 택시로 몇 분 걸렸어?

## 병원까지 택시로 몇 분 걸렸다?

2017년 9월 기준으로 서울의 택시 기본요금은 3000원입니다.
도쿄의 택시 기본요금(初乗り 하츠노리)은 410엔(円)입니다.

---

그녀들은 강하게 혐오 발언을 비난했다.

## 그녀들은 강하게 혐오 발언을 비난 했다.

헤이트 스피치는 원래 인종이나 종교, 성적 취향 등을 이유로
상대를 폄하하고 모욕하는 것을 말하는데, 일본에서는 주로 '혐한시위'를 의미합니다.

---

그 선배는 잘생겼지만, 항상 지각해.

## 그 선배는 잘생김 이지만 언제나 지각 하다.

だけど다케도는 '~지만'이라는 접속사입니다.
역접의 의미가 있으며, 비슷한 표현으로는 だが다가가 있습니다.

---

만우절에 비옷을 입고 출근했다.

## 만우절에 비옷을 입고 출근 했다.

우리는 우산이나 비옷, 레인부츠 등 비가 올 때 사용하는 물건을 통틀어 우비(雨備)라고 합니다.
일본에서는 雨具아마구라고 합니다.

796

오-케스토라 노 코오엥 오 미 니 이키 마시타.

オーケストラの 公演を 見に 行き ました。

797

다레 가 코노 판 토 규우뉴우 오 타베 마시타카?

誰が この パンと 牛乳を 食べ ましたか?

798

바쿠단 테로 데 욘쥬우 닌 노 쥬우민타치 가 케가 시타.

爆弾 テロで 40 人の 住民たちが 怪我 した。

799

코오엥 오 칸란 스루 / 캉캬쿠 노 카즈 가 후에 마셍.

公演を 観覧 する / 観客の 数が 増え ません。

800

토픽쿠 니 타이 스루 / 코피- 오 소오신 시타.

トピックに 対 する / コピーを 送信 した。

오케스트라 공연을 보러 갔습니다.

## 오케스트라의 공연을 봄에 감 했습니다.

視る(시청하다), 診る(진단하다), 看る(간호하다)를 모두 みる 미루라고 발음하는데, 간단하게 見る 미루(보다)라고 나타내기도 합니다.

누가 이 빵과 우유를 먹었습니까?

## 누구가 이 빵과 우유를 먹음 했습니까?

우리말 '빵'은 일본어 パン 팡에서 유래했고, パン 팡은 포르투갈어 páo에서 유래했습니다. 일본의 외래어 중에는 포르투갈에서 온 말이 많습니다.

폭탄 테러로 40명의 주민이 다쳤다.

## 폭탄 테러로 40 인의 주민들이 부상 했다.

일본어로 '다쳤다'를 怪我をする 케가 오 스루라고 합니다. '병에 걸렸다'는 病気にかかる 뵤오키 니 카카루라고 합니다.

공연을 관람하는 관객 수가 늘지 않습니다.

## 공연을 관람 하다 / 관객의 수가 늚 하지 않습니다.

일본어는 한자의 음독과 훈독을 혼용해서, 같은 한자를 두고도 여러 방법으로 읽습니다. 발음에 따라 뜻이 미묘하게 달라지기도 합니다.

토픽에 대한 카피를 송신했다.

## 토픽에 대 하다 / 카피를 송신 했다.

対する 타이스루(대하다)는 に対して 니타이시테의 형태로도 많이 사용하는데, に対して 니타이시테는 '~에 대해서'라는 뜻입니다.

# 동사의 명사형

명사나 형용사의 존대표현을 만들 때 です 데스 를 사용하듯이, 동사의 존대표현은 동사의 뒤에 ます 마스 를 붙여서 만듭니다.

1그룹 동사는 마지막 글자를 い 이 단으로 바꾼 뒤에,
ます 마스 를 연결합니다.

2그룹 동사는 마지막 글자 る 루 를 떼고,
ます 마스 를 연결합니다.

3그룹 동사 인 する 스루 와 くる 쿠루 는
각각 します 시마스, きます 키마스 라고 합니다.

위와 같이 ます 마스 를 붙이기 위해 변화된 상태의 동사를 가리켜, '동사의 명사형'이라고 합니다. 그런데, 동사의 명사형은 존대표현 이외에도 다양한 용법으로 사용됩니다. 정작 ます 마스 는 붙이지 않은 상태로 말이죠.

먼저, 예문을 보고, 설명하겠습니다.

| 作る 츠쿠루 만들다 | → | | | |
|---|---|---|---|---|
| | | ❶ 作り | 츠쿠리 | 만듦 |
| | | ❷ 作り すぎる | 츠쿠리 스기루 | 너무 만들다 |
| | | ❸ 作り 続ける | 츠쿠리 츠즈케루 | 계속 만들다 |
| | | ❹ 作り やすい | 츠쿠리 야스이 | 만들기 쉽다 |
| | | 作り にくい | 츠쿠리 니쿠이 | 만들기 어렵다 |
| | | ❺ 作り たい | 츠쿠리 타이 | 만들고 싶다 |

| 食べる<br>타베루<br>먹다 | → | | | |
|---|---|---|---|---|
| | | **1** 食べ | 타베 | 먹음 |
| | | **2** 食べすぎる | 타베 스기루 | 너무 먹다 |
| | | **3** 食べ続ける | 타베 츠즈케루 | 계속 먹다 |
| | | **4** 食べやすい | 타베 야스이 | 먹기 쉽다 |
| | | 食べにくい | 타베 니쿠이 | 먹기 어렵다 |
| | | **5** 食べたい | 타베 타이 | 먹고 싶다 |

## 읽어보세요!

### 1그룹 동사의 명사형 변화

기본형: 카쿠 かく 쓰다

↓

동사의 명사형: 카키 かき 씀

### 2그룹 동사의 명사형 변화

기본형: 미루 みる 보다

↓

동사의 명사형: 미 み 봄

## 1 동사의 명사화

동사는 명사로 바꿔 쓸 수 있습니다. 예를 들자면, 만들다 와 만듦, 대답하다 와 대답 등이 있습니다. 우리말에서는 동사를 명사로 만들 때 주로 ㅁ 을 사용합니다. 하지만, 일본어에서는 이 역할을 동사의 명사형이 합니다.

## 2 너무 ~하다

'너무 아프다'나 '너무 작다' 같이 사용하는 너무는 우리말에서 부사입니다. 형용사나 동사의 앞에 쓰여서 어떤 상황이나 상태가 과함을 표현합니다. 하지만, 일본어에서는 동사의 명사형 뒤에 과하다, 지나치다 라는 뜻의 동사 すぎる 스기루 를 연결해서 너무 ~하다라는 표현을 만듭니다.

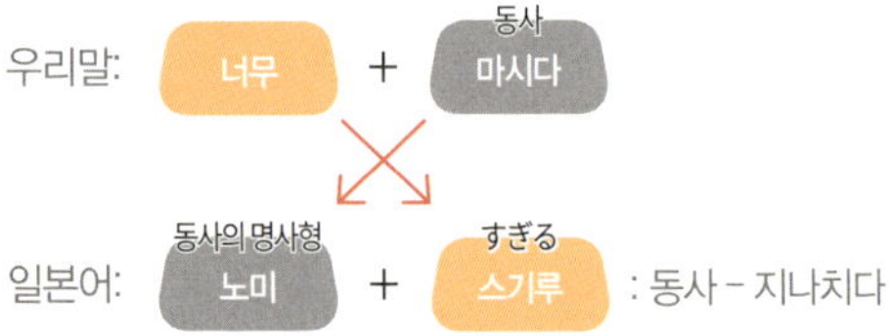


## 3 계속 ~하다

어떤 동작이나 행위를 계속해서 이어서 할 때, 계속 ~하다 라고 합니다. 일본어에서는 이 표현 역시 동사의 명사형을 사용합니다. 계속 ~하다 표현 역시 마찬가지로, 동사의 명사형 뒤에 계속하다 라는 뜻의 동사 続ける 츠즈케루 를 연결해서 만듭니다.

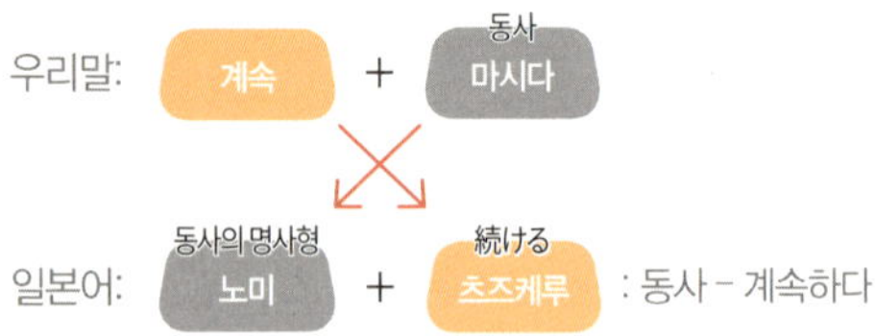

## 4 하기 쉽다, ~하기 어렵다

동사의 명사형에 やすい 야스이 를 붙이면 ~하기 쉽다, にくい 니쿠이 가 붙으면 ~하기 어렵다라는 의미가 됩니다. 이때, やすい 야스이 와 にくい 니쿠이 를 '쉽다', '어렵다'라는 단어로 생각하기 쉬운데, 이 둘은 개별적으로는 사용하지 않는 말입니다. 일반적으로 사용하는 '쉽다'는 易しい 야사시이, '어렵다'는 難しい 무즈카시이 라고 합니다.

마시기 쉽다

동사의 명사형 노미 + やすい 야스이

마시기 어렵다

동사의 명사형 노미 + にくい 니쿠이

## 5 ~하고 싶다

어떤 동작이나 행위를 하고 싶을 때 쓰는 표현입니다. 동사의 명사형에 たい 타이 를 붙여서 만듭니다. たい 타이 표현은 조사 が 가 와 한 쌍을 이룹니다.

먹고 싶다

동사의 명사형 타베 + たい 타이

밥이 먹고 싶다

ご飯 고항 が 가 동사의 명사형 타베 たい 타이

### 읽어보세요!

**너무 '형용사'하다**

앞에서 '너무 ~하다'라는 표현을 설명했습니다. 이때 예시로는 동사만 들었는데, 이 표현은 형용사에서도 같은 방법으로 쓸 수 있습니다. い 이 형용사와 な 나 형용사 모두 마지막 글자를 떼고, すぎる 스기루 를 붙입니다.

暑い 아츠이 덥다 + すぎる 스기루 … 暑すぎる 아츠 스기루 너무 덥다

静かだ 시즈카다 조용하다 + すぎる 스기루 … 静かすぎる 시즈카 스기루 너무 조용하다

# 지시대명사 : 이것, 그것, 저것

**화장실은 '저기' 입니다.**
**'그' 가방이 마음에 드네요.**
**'이'것으로 주세요.**

위에 있는 3개 예문처럼 우리는 일상에서 지시대명사를 많이 사용합니다.
일본에서도 지시대명사를 자주 씁니다.
쇼핑하거나 주문할 때 제품명이나 메뉴를 읽지 못하더라도,
손가락으로 물건이나 메뉴판을 가리키면서 이거 달라고 할 수 있으니까
지시대명사는 여러모로 유용한 표현이지요.

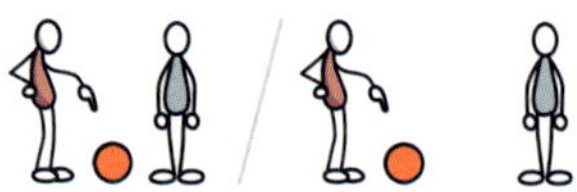

こ 코 | 이
(내 쪽에 가까운 것)

そ 소 | 그
(상대방 쪽에 가까운 것)

あ 아 | 저
(양쪽 모두에게 멀리 있는 것)

ど 도 | 어느
(의문)

동영상 강의

## 지시대명사 표현

| | | | | |
|---|---|---|---|---|
| これ<br>코레<br>이것 | それ<br>소레<br>그것 | あれ<br>아레<br>저것 | どれ<br>도레<br>어느 것 | |
| ここ<br>코코<br>이곳 | そこ<br>소코<br>그곳 | あそこ<br>아소코<br>저곳 | どこ<br>도코<br>어느 곳 | |
| こちら<br>코치라<br>이쪽 | そちら<br>소치라<br>그쪽 | あちら<br>아치라<br>저쪽 | どちら<br>도치라<br>어느 쪽 | 존댓말 |
| こっち<br>콧치<br>이쪽 | そっち<br>솟치<br>그쪽 | あっち<br>앗치<br>저쪽 | どっち<br>돗치<br>어느 쪽 | 반말 |

## 형용사 표현

| | | | |
|---|---|---|---|
| この<br>코노<br>이 | その<br>소노<br>그 | あの<br>아노<br>저 | どの<br>도노<br>어느 |
| こんな<br>콘나<br>이런 | そんな<br>손나<br>그런 | あんな<br>안나<br>저런 | どんな<br>돈나<br>어떤 |

## 부사 표현

| | | | |
|---|---|---|---|
| こんなに<br>콘나니<br>이렇게 | そんなに<br>손나니<br>그렇게 | あんなに<br>안나니<br>저렇게 | どんなに<br>돈나니<br>얼마나 |
| こう<br>코오<br>이렇게 | そう<br>소오<br>그렇게 | ああ<br>아아<br>저렇게 | どう<br>도오<br>어떻게 |

# 일본어의 부사

여기 상자가 하나 있습니다. 이 상자가 어떤 상자인지 상상해보겠습니다.

*어떤 색일까요? 검은색일까요?*
*어떤 크기일까요? 작은 크기일까요?*
*어디에 있을까요? 교실 한가운데 있을까요?*

이 질문들에 대한 답은 모두 **형용사**입니다.

**형용사 : 검정의, 작은, 교실 한가운데 있는**

왜 모두 형용사일까요?
그것은 상자가 명사이기 때문입니다.

* **명사를 설명하는 것 : 형용사**

상자 안에는 무언가가 움직이고 있습니다. 그것이 무엇인지는 알 수 없지만 움직이고 있는 것은 분명합니다. 어떻게 움직이고 있는지 상상해 보겠습니다.

*빠르게 움직일까요?*
*위아래로 움직일까요?*
*쉬지 않고 움직일까요?*
*시끄럽게 움직일까요? 왜 움직일까요?*

이 질문들에 대한 답은 모두 **부사**입니다.

**부사 : 빠르게, 위아래로, 바쁘게, 시끄럽게, 그냥**

왜 모두 부사일까요?
그것은 움직이다가 동사이기 때문입니다.

* **동사를 설명하는 것 : 부사**

동영상 강의

동사를 설명하기 위한 품사, 바로 이것이 부사의 기본 개념입니다.
하지만 부사의 개념은 이보다 조금 더 넓다고 이해해 두세요.
예를 들어 **어느 정도인지를 나타내는 표현들 역시 부사**라고 부르는데,
이들은 형용사를 꾸미거나, 또 다른 부사를 꾸미기도 하죠.

부사 / 부사 / 형용사
아주 / 조금 / 예쁜

부사는 동사와 어울리든, 형용사와 어울리든 형태가 변하지 않습니다.

부사 동사
少し 驚く。 스코시 오도로쿠. 조금 놀라다.

부사 형용사
少し 大きい。 스코시 오오키이. 조금 크다.

이상으로 우리는 부사가 어떤 일을 하는지 배웠습니다.

이제부터는 부사를 어떻게 만드는지에 대해 배워보겠습니다.
부사에는 다음의 3가지 종류가 있습니다.

1 **원래부터 부사인 부사**
2 **형용사를 개조해서 만든 부사**
3 **동사를 개조해서 만든 부사**

## 1 원래부터 부사인 부사

원래부터 부사인 부사들을 먼저 살펴보겠습니다.
동사나 형용사와는 달리 이 부사는 일정한 형태가 없습니다.

| | | | | | |
|---|---|---|---|---|---|
| 少し | 스코시 | 조금 | もっと | 몯토 | 더, 더욱, 좀 더 |
| とても | 토테모 | 매우 | だんだん | 단당 | 점점 |
| ゆっくり | 육쿠리 | 천천히 | | | |

## 2 형용사를 개조해서 만든 부사

형용사들은 일정한 형태가 있죠.
い이 형용사는 い이로 끝나고, な나 형용사는 だ다로 끝납니다.
따라서 형용사를 개조해서 만든 부사는 형용사처럼 일정한 형태가 있습니다.
아래 2개의 형용사를 보시죠.

| | | | |
|---|---|---|---|
| おいしい | 오이시이 | 맛있다 | い 형용사 |
| 静かだ | 시즈카다 | 조용하다 | な 형용사 |

자, 이번에는 이들이 동사를 꾸미는 모습을 보시죠. 다시 말해 부사가 된 것입니다.

| | | | |
|---|---|---|---|
| おいしく | 食べる。 | 오이시쿠 타베루. | 맛있게 먹다. |
| 静かに | 話す。 | 시즈카니 하나스. | 조용히 이야기하다. |

어떤가요? 우선 い이 형용사의 い이는 く쿠로 변해버렸네요.

| | | |
|---|---|---|
| おいしい | 오이시이 | 맛있다 |
| おいしく | 오이시쿠 | 맛있게 |

그리고 な나 형용사의 だ다는 に니로 변해버렸습니다.

| | | |
|---|---|---|
| 静かだ | 시즈카다 | 조용하다 |
| 静かに | 시즈카니 | 조용히 |

## 3 동사를 개조해서 만든 부사

동사가 부사가 될 때는 여러 의미 중 하나를 선택하게 됩니다.
하나의 동사는 다양한 부사를 만들 수 있기 때문입니다.

가다 → 가기 위해서
가다 → 가면서
가다 → 가서

그리고 부사가 된 이후에는 또 다른 동사와 연결되죠.

| | |
|---|---|
| 가기 위해서 | 먹는다 |
| 가면서 | 먹는다 |
| 가서 | 먹는다 |

이런 식으로 동사를 이용해서 만들 수 있는 부사의 종류는 아주 다양합니다.
만드는 방법 역시 다양하므로,
여기서는 2개의 동사를 이용해 각각 3개씩의 부사만 만들어보겠습니다.

| | | |
|---|---|---|
| 聞く | 키쿠 | 듣다 |
| 聞くために | 키쿠타메니 | 듣기 위해서 |
| 聞きながら | 키키나가라 | 들으면서 |
| 聞いて | 키이테 | 들어서 |
| 見る | 미루 | 보다 |
| 見るために | 미루타메니 | 보기 위해서 |
| 見ながら | 미나가라 | 보면서 |
| 見て | 미테 | 봐서 |

# 일본어의 조사

## は 와 | ~은, 는

명사

私は先生です。
와타시 와 센세에 데스.
저는 선생님입니다.

## を 오 | ~을, 를

私を呼んでください。
와타시 오 욘데 쿠다사이.
저를 불러 주세요.

## が 가 | ~이, 가

명사

私が先生です。
와타시 가 센세에 데스.
제가 선생님입니다.

## の 노 | ~의

私の先生です。
와타시 노 센세에 데스.
저의 선생님입니다.

## も 모 | ~도

명사

私も先生です。
와타시 모 센세에 데스.
저도 선생님입니다.

## と 토 | ~와, 과

私と先生です。
와타시 토 센세에 데스.
저와 선생님입니다.

## や 야 | ~(이)랑

명사

アメやチョコレート
아메 야 쵸코레ー토
사탕이랑 초콜릿

## など 나도 | ~등

アメやチョコレートなど
아메 야 쵸코레ー토 나도
사탕이랑 초콜릿 등

## と토와 や야 구분하기

と 토 와 や 야 는 우리말로 ~와, 과 혹은 ~(이)랑 이라는 의미입니다.
と 토 와 や 야 는 둘 다 여러 개의 명사를 나열할 때 사용합니다.
둘의 차이점은 아래와 같습니다.

パンとお菓子があります。 빵과 과자가 있습니다.
팡 토 오카시 가 아리 마스.
⋯▸ 오직 빵과 과자'만' 있다는 뉘앙스

パンやお菓子があります。 빵과 과자가 있습니다.
팡 야 오카시 가 아리 마스.
⋯▸ 빵과 과자 외에도 사탕이나 초콜릿 등이 더 있다는 뉘앙스
그래서 や는 など와 함께 쓰이는 경우가 많음

| | て 테 ǀ ~해서 | て 테 ǀ ~하고 |
|---|---|---|
| 명사 | | 私は先生で、君は学生だ。<br>와타시 와 센세에 데, 키미 와 각세에 다.<br>나는 선생이고, 너는 학생이다. |
| 동사 | 走って行く。<br>하싯 테 이쿠.<br>달려서 가다. | 飲んで食べて<br>논 데 타베 테<br>마시고 먹고 |
| 형용사 | 寒くて帰る。<br>사무쿠 테 카에루.<br>추워서 돌아가다. | 寒くて暗くて<br>사무쿠 테 쿠라쿠 테<br>춥고 어둡고 |

## にも 니모 | ~에게도

**명사**

私にもください。
와타시 니모 쿠다사이.
저에게도 주세요.

## から 카라 | ~부터(방향)

学校から家は近い。
각코오 카라 이에 와 치카이.
학교에서 집은 가깝다.

## から 카라 | ~이니까(원인)

**명사**

**동사**

行くから待って。
이쿠 카라 맏테.
갈 테니까 기다려.

**형용사**

寒いから帰る。
사무이 카라 카에루.
추우니까 돌아가다.

## まで 마데 | ~까지

**명사**

学校まで行ってください。
각코오 마데 읻테 쿠다사이.
학교까지 가 주세요.

**동사**

行くまで待って。
이쿠 마데 맏테.
갈 때까지 기다려.

### から카라와 まで마데

~から 카라 와 …まで 마데 는 '~'와 '…'에 장소 나 시간 을 나타내는 말을 넣어 두 구간의 시작점 과 끝점 을 정확히 명시할 때 사용합니다.

ここ から 駅 まで 何分 かかり ますか?
코코 카라 에키 마데 남 붕 카카리 마스카?
여기서부터 역까지 몇 분 걸리나요?

4月 から 8月 まで 日本に います。
시가츠 카라 하치가츠 마데 니혼 니 이 마스.
4월부터 8월까지 일본에 있습니다.

| | だけ 다케 ㅣ ~만, ~뿐 | ばかり 바카리 ㅣ ~만, ~뿐 |
|---|---|---|
| 명사 | アメが一個だけある。<br>아메 가 익코 다케 아루.<br>사탕이 하나만 있다. | アメばかりある。<br>아메 바카리 아루.<br>사탕만 있다. |
| 동사 | 学校に行くだけだ。<br>각코오 니 이쿠 다케 다.<br>학교에 갈 뿐이다. | 夏休みは寝てばかりでした。<br>나츠야스미 와 네테 바카리 데시타.<br>여름 방학 때 자기만 했습니다. |
| 형용사 | 寒いだけだ。<br>사무이 다케 다.<br>추울 뿐이다. | |

## だけ다케와 ばかり바카리 구분하기

だけ 다케 와 ばかり 바카리 는 둘 다 ~만, ~뿐 이라는 의미의 조사입니다.
이 둘은 의미는 같지만, 둘 사이에는 분명한 뉘앙스 차이가 있습니다.
だけ 다케 는 사실 그대로를 말할 때,
ばかり 바카리 는 약간 과장해서 말할 때 사용합니다.
아래 예문을 통해 설명해 보겠습니다.

教室に男子学生だけいる。 교실에 남학생만 있다.
쿄오시츠 니 단시각세에 다케 이루.
··· 남학생만 있고, 여학생이나 선생님 등 다른 사람은 전혀 없다는 뉘앙스

遊園地に男子学生ばかりいる。 유원지에 남학생만 있다.
유우엔치 니 단시각세에 바카리 이루.
··· 남학생이 생각보다 많다는 뉘앙스.
남학생이 주로 보이고, 다른 사람들은 잘 보이지 않는다는 느낌.

## たら 타라 | ~하면

**명사**

**동사**

見たらわかる。

미 타라 와카루.

보면 안다.

**형용사**

寒かったら帰れ。

사무캇 타라 카에레.

추우면 돌아가.

## なら 나라 | ~하면

**명사**

私ならできる。

와타시 나라 데키루.

나 라면 할 수 있다.

**동사**

行くなら連絡して。

이쿠 나라 렌락 시테.

갈 거면 연락해 줘.

**형용사**

寒いなら帰れ。

사무이 나라 카에레.

추우면 돌아가.

## と 토 | ~하면

**동사**

食べると太る。

타베루 토 후토루.

먹으면 살이 찐다.

**형용사**

寒いと眠い。

사무이 토 네무이.

추우면 졸리다.

## ば 바 | ~하면

見ればわかる。

미레 바 와카루.

보면 안다.

寒ければ帰れ。

사무 케레 바 카에레.

추우면 돌아가.

| | か 카 ｜ ~인지 | とか 토카 ｜ ~라든가 |
|---|---|---|
| 명사 | アメかチョコレートか<br>아메 카 쵸코레―토 카<br>사탕인지 초콜릿인지 | アメとかチョコレートとか<br>아메 토카 쵸코레―토 토카<br>사탕이라든지 초콜릿이라든지 |
| 동사 | 行くかどうか<br>이쿠 카 도오 카<br>갈지 어쩔지 | 行くとか行かないとか<br>이쿠 토카 이카나이 토카<br>가든지 안 가든지 |
| 형용사 | 寒いか暑いか<br>사무이 카 아츠이 카<br>추운지 더운지 | 寒いとか暑いとか言うな。<br>사무이 토카 아츠이 토카 이우나.<br>춥다든지 덥다든지 말하지 마라. |

### か카 혹은 か?카?

か 카는 존대표현의 의문문을 만들 때 썼던 か 카와 같은 글자입니다.
하지만, 이 단원에서는 다른 용법으로 사용됐습니다.
여기에서의 か 카는 ~인지라는 의미입니다.

パンかお菓子か
팡 카 오카시 카
빵인지 과자인지

ジュースかコーヒーか
쥬-스 카 코-히- 카
주스인지 커피인지

| | **ほど** 호도 \| ~정도 | **くらい** 쿠라이 \| ~정도 |
|---|---|---|
| 명사 | 私ほどできる人<br>와타시 호도 데키루 히토<br>나 정도 할 수 있는 사람 | 私くらいできる人<br>와타시 쿠라이 데키루 히토<br>나 정도 할 수 있는 사람 |
| 동사 | 走って 行く ほど<br>하싵테 이쿠 호도<br>뛰어서 갈 정도 | 走って 行く くらい<br>하싵테 이쿠 쿠라이<br>뛰어서 갈 정도 |
| 형용사 | 寒いほど、暑いほど<br>사무이 호도, 아츠이 호도<br>추운 정도, 더운 정도 | 寒いくらい、暑いくらい<br>사무이 쿠라이, 아츠이 쿠라이<br>추운 정도, 더운 정도 |

## ほど호도와 くらい쿠라이 구분하기

ほど 호도 와 くらい 쿠라이 는 모두 ~정도, ~만큼 이라는 의미의 조사입니다. 이 둘은 우리말 의미도 같고, 일본어에서도 용법이 명확히 구분되지 않습니다. 정확한 구분 없이 사용할 때도 많습니다.

**運動場に 10人 ほど いる。** 운동장에 10명 정도 있다.
운도오죠오 니 쥬우닌 호도 이루.

**運動場に 10人 ぐらい いる。** 운동장에 10명 정도 있다.
운도오죠오 니 쥬우닝 구라이 이루.

하지만, 공식적인 자리나 어른과 대화할 때 같이 예의를 갖춰야 할 때는 くらい 쿠라이 보다 ほど 호도 를 쓰는 게 좋습니다.

| | が 가 ∣ ~지만 | けれども 케레도모 ∣ ~지만 |
|---|---|---|
| 동사 | 聞いたが答えなかった。<br>키이타 가 코타에나캇타.<br>물었지만 대답하지 않았다. | 聞いたけれども答えなかった。<br>키이타 케레도모 코타에나캇타.<br>물었지만 대답하지 않았다. |
| 형용사 | 寒いが歩く。<br>사무이 가 아루쿠.<br>춥지만 걷다. | 寒いけれども歩く。<br>사무이 케레도모 아루쿠.<br>춥지만 걷다. |

### けれども 케레도모

けれども 케레도모 는 ~지만 과 같은 표현입니다.
앞의 내용과 상반된 사실이 일어났을 때 사용하는 표현입니다.

好きだけれども買わない。 좋아하지만 사지 않다.
스키다 케레도모 카와나이.

買ったけれどもなくした。 샀지만 잃어버렸다.
캇타 케레도모 나쿠시타.

대화에서는 けれども 케레도모 대신
けれど 케레도 혹은 けど 케도 로 줄여서 사용하기도 합니다.

# 11가지 접속사

## and

**そして**
소시테

**그리고** 저도 갑니다.
**そして** 私も 行きます。
소시테 와타시모 이키마스.

## so

**だから**
다카라

**그래서** 제가 갑니다.
**だから** 私が 行きます。
다카라 와타시가 이키마스.

**それで**
소레데

**그래서** 제가 갑니다.
**それで** 私が 行きます。
소레데 와타시가 이키마스.

## but

**でも**
데모

**그러나** 저는 갑니다.
**でも** 私は 行きます。
데모 와타시와 이키마스.

**しかし**
시카시

**그러나** 저는 갑니다.
**しかし** 私は 行きます。
시카시 와타시와 이키마스.

**けれども**
케레도모

**그러나** 저는 갑니다.
**けれども** 私は 行きます。
케레도모 와타시와 이키마스.

if

**もし**
모시

**만약** 제가 간다면,
**もし** 私が 行くなら、
모시 와타시가 이쿠나라,

if not

**それとも**
소레토모

**그렇지 않으면** 제가 갑니다.
**それとも** 私が 行きます。
소레토모 와타시가 이키마스.

if so

**それでは**
소레데와

**그렇다면** 제가 갑니다.
**それでは** 私が 行きます。
소레데와 와타시가 이키마스.

**それなら**
소레나라

**그렇다면** 제가 갑니다.
**それなら** 私が 行きます。
소레나라 와타시가 이키마스.

moreover

**それに**
소레니

**게다가** 저도 갑니다.
**それに** 私も 行きます。
소레니 와타시모 이키마스.

# 외워두면 좋은 단어

**Group 1**

| | |
|---|---|
| 요아케<br>**夜明け** | 새벽 |
| 아사<br>**朝** | 아침 |
| 히루<br>**昼** | 낮 |
| 유우 가타<br>**夕方** | 저녁 |
| 요루<br>**夜** | 밤 |

**Group 2**

| | |
|---|---|
| 마이 니치<br>**毎日** | 매일 |
| 헤에 지츠<br>**平日** | 평일 |
| 슈우 마츠<br>**週末** | 주말 |
| 큐우 지츠<br>**休日** | 휴일 |
| 야스 미<br>**休み** | 휴가, 방학 |

**Group 3**

| | |
|---|---|
| 센 센 슈우<br>**先々週** | 지지난 주 |
| 센 슈우<br>**先週** | 지난주 |
| 콘 슈우<br>**今週** | 이번 주 |
| 라이 슈우<br>**来週** | 다음 주 |
| 사 라이 슈우<br>**再来週** | 다다음 주 |

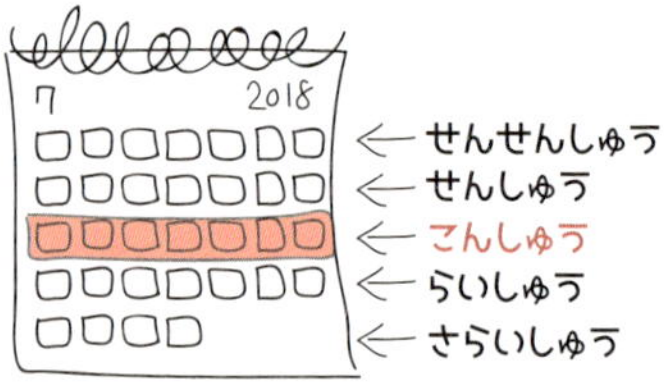

**Group 4**

| | |
|---|---|
| 믹 카 마에<br>**三日前** | 3일 전 |
| 오토토이<br>**一昨日** | 그제 |
| 키노오<br>**昨日** | 어제 |
| 쿄오<br>**今日** | 오늘 |
| 아시타<br>**明日** | 내일 |
| 아삳테<br>**明後日** | 모레 |
| 믹카고<br>**三日後** | 3일 후 |

**Group 5**

| | |
|---|---|
| 소노 마에<br>**その前** | 그 전 |
| 소노 토키<br>**その時** | 그때 |
| 소노 아토<br>**その後** | 그 다음 |

**Group 6**

| | |
|---|---|
| 아루히<br>**ある日** | 어느 날 |
| 이츠카<br>**いつか** | 언젠가 |
| 이츠모<br>**いつも** | 언제나, 항상 |

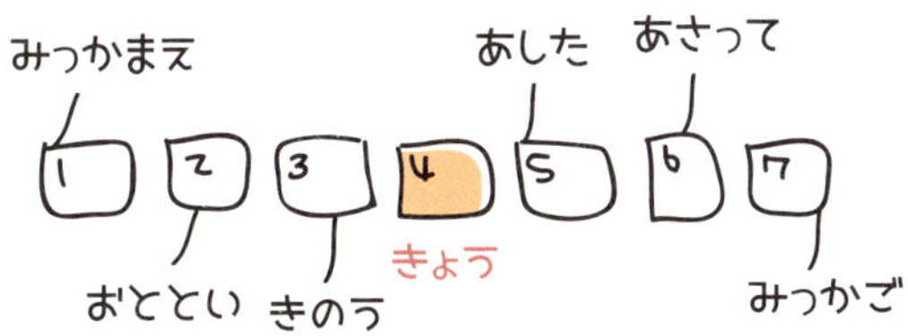

**Group 7**

| | |
|---|---|
| 슝캉<br>**瞬間** | 순간 |
| 카코<br>**過去** | 과거 |
| 겐 자이<br>**現在** | 현재 |
| 미 라이<br>**未来** | 미래 |

**Group 8**

| | |
|---|---|
| 난도<br>**何度** | 몇 번 |
| 삿 소쿠<br>**早速** | 즉시 |
| 토츠 젱<br>**突然** | 갑자기 |
| 토쿠 니<br>**特に** | 특히 |

**Group 9**

| | |
|---|---|
| 이젱<br>**以前** | 이전 |
| 이마<br>**今** | 지금 |
| 이고<br>**以後** | 이후 |

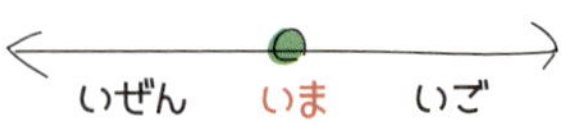


**Group 10**

| | |
|---|---|
| 젱 카이<br>**前回** | 지난번 |
| 콩 카이<br>**今回** | 이번 |
| 지 카이<br>**次回** | 다음번 |

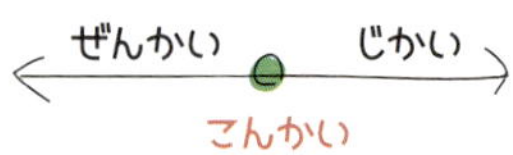

**Group 11**

| | | |
|---|---|---|
| 이츠모<br>**いつも** | 항상, 언제나 |
| 후 츠으<br>**普通** | 보통 |
| 요쿠<br>**よく** | 자주 |
| 토키 도키<br>**時々** | 때때로 |
| 젠 젠<br>**全然** | 전혀 |

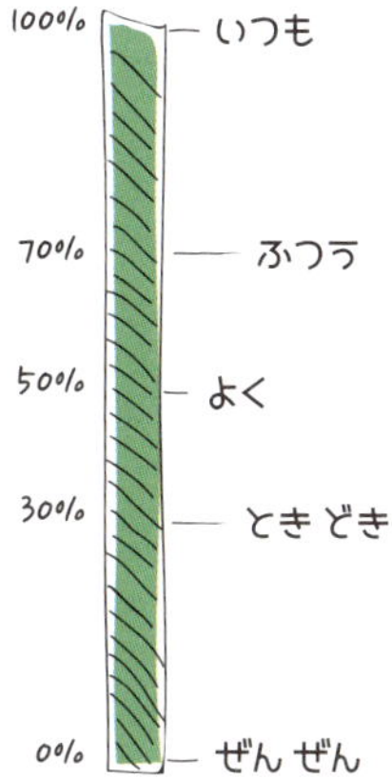


**Group 12**

| | |
|---|---|
| 마타<br>**また** | 다시 |
| 스데니<br>**すでに** | 이미 |
| 마다<br>**まだ** | 아직, 여전히 |
| 스구<br>**すぐ** | 곧, 이르게 |

**Group 13**

| | |
|---|---|
| 타 붕<br>**多分** | 대개, 아마 |
| 오소 라쿠<br>**恐らく** | 아마, 어쩌면 |
| 호톤도<br>**ほとんど** | 거의 |
| 쥬우 붕<br>**十分** | 충분 |

**Group 14**

| | | |
|---|---|---|
| 하지 메테 | **初めて** | 처음으로 |
| 사이 쇼 | **最初** | 처음 |
| 사이 고 | **最後** | 마지막 |
| 하지 메 | **始め** | 시작 |
| 오 와리 | **終わり** | 끝 |

**Group 15**

| | | |
|---|---|---|
| 코코 | **ここ** | 여기 |
| 아소코 | **あそこ** | 저기 |
| 히다리 | **左** | 왼쪽 |
| 미기 | **右** | 오른쪽 |

**Group 16**

| | | |
|---|---|---|
| 마에 | **前** | 앞 |
| 우시 로 | **後ろ** | 뒤 |
| 우에 | **上** | 위 |
| 시타 | **下** | 아래 |
| 나카 | **中** | 안 |
| 소토 | **外** | 밖 |

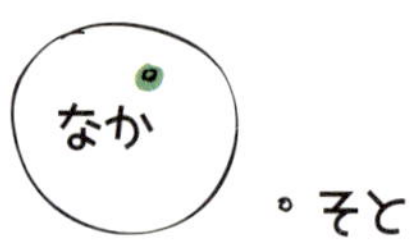

**Group 17**

| 읽기 | 일본어 | 뜻 |
|---|---|---|
| 맛 스구 | 真っすぐ | 똑바로 |
| 막 쿠라 다 | 真っ暗だ | 아주 캄캄하다 |
| 막 쿠로 다 | 真っ黒だ | 새까맣다 |
| 맛 시로 다 | 真っ白だ | 새하얗다 |
| 막 카 다 | 真っ赤だ | 새빨갛다 |
| 맛 사오 다 | 真っ青だ | 새파랗다 |

**Group 18**

| 읽기 | 일본어 | 뜻 |
|---|---|---|
| 오모 니 | 主に | 주로 |
| 마이 카이 | 毎回 | 매번 |

**Group 19**

| 읽기 | 일본어 | 뜻 |
|---|---|---|
| 아마리니 | あまりに | 너무 |
| 토테모 | とても | 매우 |
| 못토모 | もっとも | 가장 |

**Group 20**

| 읽기 | 일본어 | 뜻 |
|---|---|---|
| 히토 리 | 独り | 혼자 |
| 코 진 테키 | 個人的 | 개인적 |
| 잇 쇼 | 一緒 | 함께 |

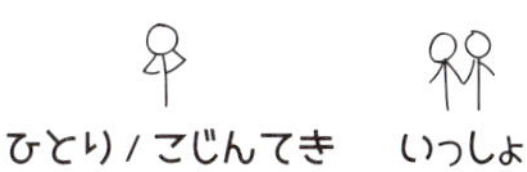


**Group 21**

| 읽기 | 일본어 | 뜻 |
|---|---|---|
| 시즈 카다 | 静かだ | 조용하다 |
| 오오 고에 | 大声 | 큰 소리 |
| 사와 가시이 | 騒がしい | 시끄럽다 |

### Group 22

| | | |
|---|---|---|
| 후 츠으 다 | **普通だ** | 보통이다 |
| 헨다 | **変だ** | 이상하다 |
| 도오 요오 다 | **同様だ** | 같은 모양이다 |
| 오나 지다 | **同じだ** | 같다 |
| 도오 이츠 다 | **同一だ** | 같다(동일하다) |

### Group 23

| | | |
|---|---|---|
| 쥬우 붕 | **十分** | 충분 |
| 맏타쿠 | **まったく** | 완전히 |
| 칸 젠 다 | **完全だ** | 완전하다 |

### Group 24

| | | |
|---|---|---|
| 카렌다ー | **カレンダー** | 달력 |
| 히 즈케 | **日付** | 날짜 |
| 지캉 | **時間** | 시간 |
| 스케쥬ー루 | **スケジュール** | 일정 |
| 넨 레에 | **年齢** | 나이 |

### Group 25

| | | |
|---|---|---|
| 쵸오도 | **ちょうど** | 딱 |
| 아키 라카다 | **明らかだ** | 분명하다 |
| 세에 카쿠 다 | **正確だ** | 정확하다 |
| 타시 카니 | **確かに** | 확실하게 |
| 타다 시쿠 | **正しく** | 바로 |

**Group 26**

| | |
|---|---|
| 지 유우 다<br>**自由だ** | 자유롭다 |
| 시젠다<br>**自然だ** | 자연스럽다 |
| 라쿠 다<br>**楽だ** | 편안하다 |
| 겡키다<br>**元気だ** | 건강하다 |
| 세에 죠오 다<br>**正常だ** | 정상이다 |

**Group 27**

| | |
|---|---|
| 키켄다<br>**危険だ** | 위험하다 |
| 안신다<br>**安心だ** | 안심하다 |
| 안젠다<br>**安全だ** | 안전하다 |
| 요오 이다<br>**容易だ** | 쉽다 |
| 칸탄다<br>**簡単だ** | 간단하다 |

**Group 28**

| | |
|---|---|
| 카시코 이<br>**賢い** | 영리하다 |
| 켐 메에 다<br>**賢明だ** | 현명하다 |
| 유우 칸 다<br>**勇敢だ** | 용감하다 |

**Group 29**

| | |
|---|---|
| 혼 토오<br>**本当** | 진짜 |
| 신 지츠<br>**真実** | 진실 |
| 짓 사이<br>**実際** | 실제 |

# 수사

| 0<br>零/ゼロ<br>레에 / 제로 | 1<br>一<br>이치 | 2<br>二<br>니 | 3<br>三<br>상 | 4<br>四<br>용(시) | 5<br>五<br>고 |
|---|---|---|---|---|---|
| 10<br>十<br>쥬우 | 11<br>十一<br>쥬우 이치 | 12<br>十二<br>쥬우 니 | 13<br>十三<br>쥬우 상 | 14<br>十四<br>쥬우 용 | 15<br>十五<br>쥬우 고 |
| 20<br>二十<br>니쥬우 | 21<br>二十一<br>니쥬우 이치 | 22<br>二十二<br>니쥬우 니 | 23<br>二十三<br>니쥬우 상 | 24<br>二十四<br>니쥬우 용 | 25<br>二十五<br>니쥬우 고 |
| 30<br>三十<br>산쥬우 | 31<br>三十一<br>산쥬우 이치 | 32<br>三十二<br>산쥬우 니 | 33<br>三十三<br>산쥬우 상 | 34<br>三十四<br>산쥬우 용 | 35<br>三十五<br>산쥬우 고 |
| 40<br>四十<br>욘쥬우 | 41<br>四十一<br>욘쥬우 이치 | 42<br>四十二<br>욘쥬우 니 | 43<br>四十三<br>욘쥬우 상 | 44<br>四十四<br>욘쥬우 용 | 45<br>四十五<br>욘쥬우 고 |
| 50<br>五十<br>고쥬우 | 51<br>五十一<br>고쥬우 이치 | 52<br>五十二<br>고쥬우 니 | 53<br>五十三<br>고쥬우 상 | 54<br>五十四<br>고쥬우 용 | 55<br>五十五<br>고쥬우 고 |
| 60<br>六十<br>로쿠쥬우 | 61<br>六十一<br>로쿠쥬우 이치 | 62<br>六十二<br>로쿠쥬우 니 | 63<br>六十三<br>로쿠쥬우 상 | 64<br>六十四<br>로쿠쥬우 용 | 65<br>六十五<br>로쿠쥬우 고 |
| 70<br>七十<br>나나쥬우 | 71<br>七十一<br>나나쥬우 이치 | 72<br>七十二<br>나나쥬우 니 | 73<br>七十三<br>나나쥬우 상 | 74<br>七十四<br>나나쥬우 용 | 75<br>七十五<br>나나쥬우 고 |
| 80<br>八十<br>하치쥬우 | 81<br>八十一<br>하치쥬우 이치 | 82<br>八十二<br>하치쥬우 니 | 83<br>八十三<br>하치쥬우 상 | 84<br>八十四<br>하치쥬우 용 | 85<br>八十五<br>하치쥬우 고 |
| 90<br>九十<br>큐우쥬우 | 91<br>九十一<br>큐우쥬우 이치 | 92<br>九十二<br>큐우쥬우 니 | 93<br>九十三<br>큐우쥬우 상 | 94<br>九十四<br>큐우쥬우 용 | 95<br>九十五<br>큐우쥬우 고 |

| | | | |
|---|---|---|---|
| 6<br>六<br>로쿠 | 7<br>七<br>나나(시치) | 8<br>八<br>하치 | 9<br>九<br>큐우(쿠) |
| 16<br>十六<br>쥬우 로쿠 | 17<br>十七<br>쥬우 나나 | 18<br>十八<br>쥬우 하치 | 19<br>十九<br>쥬우 큐우 |
| 26<br>二十六<br>니쥬우 로쿠 | 27<br>二十七<br>니쥬우 나나 | 28<br>二十八<br>니쥬우 하치 | 29<br>二十九<br>니쥬우 큐우 |
| 36<br>三十六<br>산쥬우 로쿠 | 37<br>三十七<br>산쥬우 나나 | 38<br>三十八<br>산쥬우 하치 | 39<br>三十九<br>산쥬우 큐우 |
| 46<br>四十六<br>욘쥬우 로쿠 | 47<br>四十七<br>욘쥬우 나나 | 48<br>四十八<br>욘쥬우 하치 | 49<br>四十九<br>욘쥬우 큐우 |
| 56<br>五十六<br>고쥬우 로쿠 | 57<br>五十七<br>고쥬우 나나 | 58<br>五十八<br>고쥬우 하치 | 59<br>五十九<br>고쥬우 큐우 |
| 66<br>六十六<br>로쿠쥬우 로쿠 | 67<br>六十七<br>로쿠쥬우 나나 | 68<br>六十八<br>로쿠쥬우 하치 | 69<br>六十九<br>로쿠쥬우 큐우 |
| 76<br>七十六<br>나나쥬우 로쿠 | 77<br>七十七<br>나나쥬우 나나 | 78<br>七十八<br>나나쥬우 하치 | 79<br>七十九<br>나나쥬우 큐우 |
| 86<br>八十六<br>하치쥬우 로쿠 | 87<br>八十七<br>하치쥬우 나나 | 88<br>八十八<br>하치쥬우 하치 | 89<br>八十九<br>하치쥬우 큐우 |
| 96<br>九十六<br>큐우쥬우 로쿠 | 97<br>九十七<br>큐우쥬우 나나 | 98<br>九十八<br>큐우쥬우 하치 | 99<br>九十九<br>큐우쥬우 큐우 |

| | |
|---|---|
| 100<br>百<br>하쿠 | 200<br>二百<br>니햐쿠 |
| 300<br>三百<br>삼뱌쿠 | 400<br>四百<br>욘햐쿠 |
| 500<br>五百<br>고햐쿠 | 600<br>六百<br>롭퍄쿠 |
| 700<br>七百<br>나나햐쿠 | 800<br>八百<br>합퍄쿠 |
| 900<br>九百<br>큐우햐쿠 | 1000<br>千<br>센 |
| 10,000<br>万<br>망 | 100,000<br>十万<br>쥬우 망 |

**주의해야 할 숫자**

일의 자리에 있는 7 은 **なな** 나나와 **しち** 시치, 어느 쪽으로든 읽을 수 있습니다. 하지만 십의 자리 이상(70, 700 …)에서는 **しち** 시치가 아닌 **なな** 나나만 사용합니다. 또한, 우리는 숫자 10,000을 그냥 '만'이라고 하지만, 일본에서는 '일만(**一万** 이치망)'이라고 합니다.